U0516873

紫禁城里很有事

明清宫廷小人物的日常

王一樵——著

中信出版集团 · 北京

图书在版编目（CIP）数据

紫禁城里很有事：明清宫廷小人物的日常 / 王一樵
著. -- 北京：中信出版社，2018.1（2024.5重印）
ISBN 978-7-5086-7904-4

I. ①紫⋯　II. ①王⋯　III. ①中国历史－明清时代－
通俗读物　IV. ①K248.09

中国版本图书馆CIP数据核字（2017）第173544号

紫禁城里很有事：明清宫廷小人物的日常

著　　者：王一樵
出版发行：中信出版集团股份有限公司
　　　　　（北京市朝阳区东三环北路27号嘉铭中心　邮编　100020）
承　印　者：北京通州皇家印刷厂

开　　本：787mm×1092mm　1/32　　　印　　张：7.25　　字　　数：100千字
版　　次：2018年1月第1版　　　　　印　　次：2024年5月第10次印刷

书　　号：ISBN 978-7-5086-7904-4
定　　价：42.00元

目

录

第一章

明清宫中人的生活
日常与昔日身影

　　我的授业恩师王汎森先生曾在《时代关怀与历史解释》中写道："一个关心时代的史学家有可能将他的关怀、时代境遇与史学工作叠在一起，成为一面三棱镜，映照他所属的时代。"这一本聚焦明清宫中人的小书，诚如一面"三棱镜"，一方面源自我心中的时代关怀，也出自一些生活际遇，更包括了自己多年来从事明清档案研究工作的心得体会。书中许多故事都是我在研究中的有趣发现，书写与构思的过程虽然漫长，但细细想来，更有十多年来求学与研究中不少温暖记忆。

2002 年，我初到北京，那时候正是秋初时分，气候正好，我便时常造访故宫。昔日书本上的知识化为实际，实地感受到一种更深刻的情感触动。古老的殿宇楼阁不再只是史料文献中的字句，而是厚实的人文历史积累。漫步在紫禁城的中轴线，随着参访的游客走在古老的宫殿群中，时间蔓延成一种超脱现实的氛围，心灵深处也产生了莫名的震动。

还记得那时候趁着在北京大学历史系短期学习交流的机会，我时常拿着谷应泰编著的《明史纪事本末》，一边准备学科专业知识，一边趁课余时间尽可能去故宫，或是在北京各处转转。由课堂走到历史的现场，体会、感受文字笔墨描述的昔日故迹，相当令人兴奋。兴许，这本书的发端就在那时：我想用文字记录下这份来自历史文化的感动。

往后的十多年，我一直在明清史研究的道路上埋首努力，投入到明清内阁大库的档案整理中，将青春岁月付出在这份数量庞大的历史文献里。这些精彩的宫廷故事以及宫中日常生活中的点点滴滴，其实都来自最无趣的文书整理。每天大量的阅读，日复一日整理内容和编写摘要是这本小书的源头。或许我该这样说，这些明清以来的官方档案文书与史料文献里，一直有着许多动人的故事，但它们一直沉睡在堆积如山的庞大案卷里，静静地等待有缘人的到来，让故事可以被诉说，无声众人的生命际遇可以被后世传讲。

书中各章的撰写时间跨度相当大，编辑成书的过程中参考了各方面的修订意见，考虑到读者的阅读感受，将内容依照时间先后顺序，由明代渐至清代初期，再由乾嘉时期，逐渐铺陈至嘉、道、咸以来宫廷文化的相关人、事、物，最终将叙事延伸至晚清、民国前后的宫中人回忆。希望通过这样的安排，能够在文字叙述中产生"也同欢喜，也同悲愁"的氛围，让读者走进这些为史家所忽略的宫中人的生活，随着各章的叙事，感受宫廷里各个小人物在生命际遇上的喜乐与忧愁。

我们阅读这些宫中人的记录时，或许会有一些错置的问题，把自身的情感与关怀植入这些叙事情节之中，但也许这些宫中人所留下的这些回忆文字，是为将其这一生在紫禁城中的见闻，以及宫廷中的各种日常生活细节，还有自己生在其中的各种独特的人生体悟真实地记载下来。因此，若换一种角度来阅读，由宫中人生活点滴着手，或许我们将会看到不一样的风景，听到不一样的历史潜流。读者游走在字里行间，除了感知宫廷文化最繁华富丽的刹那荣景，更有曲终人散后，殿宇楼阁无尽无边的空寂落寞。

最后，我想说明一下自己对于宫中人的想法，或者应该说我对这些宫廷中的无声众人，该如何被记忆，甚至成为历史意识的一部分的想法。王老师亦曾在演讲中详细讨论过他对于史学研究者的看法。他强调所谓的"史学"，是一种"扩增新量之学"，为让人们扩展生命的层次与感悟，由心中念头想法，渐至手边日常言谈举止之中。我也认为历史学的普及作品应该要有这样的特质，使读者可以在阅读中提升生命质量，扩大生活的感知体验。讨论这些历史记忆对于我们而言具有何种特别的意义甚至如何影响了我们对于自己，对于社会的想法，这些都是在阅读与欣赏历史中必经的过程。我们在阅读这些宫中人故事的当下，必定会发现，在主流叙事中，同时存在着各种不同层次的历史知识或记忆，伏匿深藏，但每种都有其动人之处。

这些知识与记忆或许与一般常识有所不同，却是确实的存在。

换句话来说，各种历史知识与历史记忆之间未必是一种非此即彼的关系，但是它们之间却往往有所出入，甚至让人感到意外。这些差异往往触动到人心深处，特别让人动容，久久难忘。正因为如此，我们更应该注意一个时代中多元的历史知识，理解与感受它们不同的轮廓，留心各种历史叙事之间，各种自觉的，或者是不自觉的竞合关系。大潮流的叙事中，必定有一些无声的潜流匿伏，也必定有一些小人物的生命际遇会同样让人深受感动。正因为存在着互有出入的历史叙事版本，或者是对于某一段记忆的选择性关心与刻意忽略，我们才有更多元的想法。这些多元的竞合关系，大叙事与小细节之间的异同，都对我们日常生活中的各种选择与取向，产生一些无法忽视的影响。毕竟，身为小人物的我们，也总是在故事中投入了我们自身的感情、信仰，甚至是价值上的认同。

明清宫中人的故事，正是这种特别的叙事，不只是不同版本的历史记忆，也是大叙事中时常被忽视的小细节。华丽宫廷中的人生际遇，生活甘苦，也正与你我生命中的一些吉光片羽相似。

第二章

明代宫廷中的朝鲜妃子
与交趾太监宫人

韩国出美女是我们现在常有的一种印象，不过这并非现代才有的专利，其实在古代东亚的史册里就有许多美女的倩影。像曾经很受关注的韩剧《奇皇后》，便是高丽女子奇氏在元朝宫廷中如何由"贡女"逐渐成为元顺帝皇后的传奇故事。这并非特例，元、明两代的宫廷中都有不少来自高丽王朝与李氏朝鲜的妃子。[1]

当时的高丽是元朝的藩属，高丽王室与元朝皇室之间也常有联姻，这使得高丽国王不仅是元朝藩属之臣，更有皇帝女婿的特殊身份。因此，高丽国在元朝一直是以"驸马国"的形式臣属于元朝。尽管元、明易代，但高丽仍是藩属，依循往例，他们必须对天朝有所朝贡。每逢派出特使朝见天子时，除了各种贡物之外，高丽美女也是使节团随行的重要成员之一。

宫廷中的高丽贡女

在元朝宫廷里，这些进贡来的高丽女子可不仅仅是劳役侍从而已。她们除了平日照料皇室成员的日常生活起居，在元顺帝时期甚至协助亲卫近侍在京城大都四处侦伺访查，成为了元朝皇室成员与皇帝亲卫近侍集团的权力核心外围。

例如在《庚申外史》这一部记载元顺帝时期宫廷秘辛轶闻的文献中，便曾经记载到：元顺帝曾在宫廷中私下修习藏传佛教的秘密法门。[2]世间的各种坊间传言多半隐隐约约，特别是关于"秘密法门"的真实情况，总是带着一些神秘玄奇的说法。实际上，根据学界的看法，这其实是一种修持的秘密法门，通常都由藏传佛教的上师进行一对一的传授，作为一种延年益寿的修持方式。

当时，元顺帝身边的近侍护法们便常利用高丽姬们（也就是高丽贡女）在元大都城里四处访察官吏和百姓的家庭情况，趁机寻觅条件合适的女子担任皇帝修习秘法的伙伴。在元顺帝与宫廷众多舞姬修持的"天魔舞"中，也不乏高丽舞姬的身影。除了电视剧集的主角奇皇后之外，根据相关历史文献的记载，这些来自远方异国的高丽女子其实在元朝宫廷与政治权力核心圈，甚至在皇帝喜好的各种宗教艺术活动中，都扮演了相当重要的角色。[3]

明朝宫廷中的"高丽妃子"除了《奇皇后》剧中所提及的高丽妃子之外，也有不少朝鲜妇女，并有多位妃子出身高丽，例如《明英宗实录》在宣德十年三月初一条下便有相关记载，提及此事的经过："放朝鲜国妇女金黑等，五十三人还其国。金黑等自宣德初年取来，久留京师。上悯其有乡土父母之念，特遣中官送回，且谕其国王悉遣还家，勿致失所。"[4]

宣德十年元月，宣宗崩逝，英宗皇帝即位，但直到次年才改元。因此，上述这一段史料文献的内容，应该是时年9岁的小皇帝即位后，为怀柔仁政所发布的谕令。放归宫廷中的朝鲜妇女，派宦官护送，让她们可以平安返回家乡。

《明太祖实录》与《明史·朝鲜传》的记载中，则提及了高丽使臣周谊的女儿，在元朝末年进入宫廷，后在元顺帝出逃后，被明太祖纳为周妃。这一位经历不凡的周妃更在日后生育了岷王朱楩、韩王朱松两位藩王。当时的高丽王朝为了与明廷建立关系，更多次派周谊等人出使明朝，想要扩展双方的交流互动。除了明显想增加邦交情谊的目的外，自然更有姻亲血缘的情谊存在其中。

有鉴于双方私下的各种渊源，当时朱元璋便对负责接待高丽使臣的辽东都指挥使特别交待，他强调，高丽官方指派周谊出使的真正目的，其实并不单纯，而是别有用意。朱元璋认为："高丽数以谊（周谊）来使，殊有意焉。"由此可见明太祖朱元璋不仅纳有高丽妃子，她们更为明朝皇室生育王子，成为宫廷中重要的女性皇室成员。高丽官方明白明代宫廷的情况，很有可能利用两国之间这一层联姻的亲缘关系，尝试达成一些外交目标。

毕竟，俗语不是说"有关系，就没关系"，人际往来之中时常需要一些中间人来沟通双方的意见，更何况是国家之间的互动往来。高丽方面派出周谊出使明朝，自然极有可能试图借重宫廷中的高丽妃子，更何况这一人脉非同一般，直达御前天听。当然，为了照顾宫廷中为数不少的高丽妃子，朱元璋也因此借机向高丽索要200名阉人宦官来充当宫廷的仆役。

"天魔舞"的真实面目

历史语言学者曾利用藏语文献进行考证，文字记载中所谓的"天魔舞"，其实就是源自尼泊尔的一种结合呼吸、舞蹈动作与宗教观想的特殊宗教舞蹈。至于为何要有女性参与，则是因为必须由女信徒扮作"空行母"进行舞蹈，而成一种密教修行法门。卓鸿泽先生曾对元顺帝修习秘密佛法的细节，进行过详细考证。相关讨论可参见其著作：卓鸿泽，《历史语文学论丛初编》，上海：上海古籍出版社，2012。

一直到明成祖时，宫廷中依然延续了这种选妃的趋好风尚，成祖大肆索取众多高丽妃子，甚至有"朝鲜贡女充掖庭"的说法。成祖一朝纳有权妃、任顺妃、李昭仪、吕婕妤和崔美人等多位高丽妃子，后来的仁宗、宣宗两朝亦是如此。[5]

另外，通过一些图像史料，例如《宣宗行乐图》《四季赏玩图》等，我们也略能看到明宣宗时代的宫廷生活。这些记载明朝皇帝生活的图卷中有不少宫人出现。其中，宫人们衣着的色彩形制，配色设计，常让人乍看之下和朝鲜服饰配色类同。或许，这不一定是由于朝鲜自视为"小中华"，也可能是因为宫廷中本来就有不少的朝鲜宫人生活其间，进而形成的特殊文化氛围。

明成祖生母的学术论争

宫廷之中，总是充满各种真伪不明的传闻。由于明朝历代皇帝广纳高丽妃子的缘故，所以关于明成祖生母究竟是谁的历史疑案，也和高丽妃子脱不了关系。民国初年史学界曾为此案有过笔战论争，著名学者朱希祖、傅斯年、吴晗和李晋华等人都曾撰写专文讨论，说法纷呈。这个问题曾经引起不少学者注意，成为一时的学术热点。

其中，便有一说提到了明成祖生母可能是"碩妃"，碩妃极有可能来自高丽。但碩妃的生平近似传说，官书缺乏记载。历史学家朱希祖便曾在其《明成祖生母记疑辩》中说道："若高丽果有过碩氏为太祖妃或成祖母，则高丽史亦必大书特书，载其家世，如元顺帝皇后奇氏矣。"

所以"碩妃"是否为明成祖的生母，可以说是成为了各方争论的焦点。若碩妃生平为真，来自高丽，而且真为太祖妃，且为成祖生母一事，并非后人臆想伪造，则明成祖即有高丽血统，而碩妃也将成为有如奇皇后一般的历史佳话。这一段历史悬案论争文字中，朱希祖便又关联到了元代奇皇后的掌故，以此来讨论碩妃的来历虚实。片断的史料记录下，虽然显得有些片面，但又异常地浪漫神秘。

明初宫廷里的交趾太监宫人

除了朝鲜宫女们,明初宫廷中还有另外一批来自远方的宫人群体,也就是自幼被选派赴京入宫的交趾太监。明初永乐皇帝在征服交趾陈朝,设立"交趾承宣布政使司"后,曾经在当地大量征召能工巧匠与劳动人力,让他们举家搬迁至北京来兴建紫禁城。永乐帝不仅妥善安排这些南方匠人的生活起居,同时也一直在交趾当地征召资质优异的各种专业人才前往北京,贡献技能,服务于宫廷各种差役。

另一方面,永乐皇帝为了长期培育熟悉宫廷的专业人力,也征召了不少交趾当地面貌俊秀的年幼男童,送至宫中内廷,妥善安排教育,让其读书识字,成为内侍宦官中的相关专职人才。这些交趾宫人很是天资聪慧,不仅在宫廷中当值应差表现出色,还逐渐形成了一股交趾宫人的内廷势力。其中,交趾宦官中甚至还出现了不少具有宫廷建筑才能的专业内侍,负责明代初期紫禁城建设的重要工程任务。

交趾太监之所以在建筑事业上有显眼的表现,其实和永乐帝的意志脱不了关系。永乐帝当时投入了大量的人力、物力扩大紫禁城宫殿群，要将北京建设成为国家的新都。这不仅要动员全国各地的能工巧匠与卫所兵丁作为基础劳动力，更要经年累月进行建设工作。

根据日本学者新宫学教授的研究，当时北京为了兴造营建各处宫殿，在京畿周围增设卫所，并从邻近各地的卫所征调大量兵员，作为大型工程的劳动力。另一方面，宫殿群的基础建设初具规模后，为了补充宫廷日常生活基本运作的各种杂役差事，永乐皇帝也从朝鲜、交趾征用大量人力，作为紫禁城中宫人的补充人力资源。根据《明太宗实录》卷六十四中的相关记载，永乐五年（1407）二月，明成祖朱棣敕谕征安南总兵官张辅在安南一带征集工匠人才送至北京。[6]

从永乐五年至永乐十一年，这样的专业工匠甄选工作，前后总共进行了三次，首批起送人员数量约为7700人左右，第二批起送人员约为9000人，第三批起送人员数量则约为130余人。明廷当时从交趾总共搜罗的各类匠役造作人才在最高峰时，总人数达到16000余人，动员人力的规模可说是相当庞大。为了妥善安顿相关人员，明朝政府也做了许多安置工作。

史料中便记载永乐皇帝的多项相关指示，"上念南土远来不耐寒，命工部悉给锦衣"；"上以冬月气寒，南荒之人不耐，命工部遣官以绵衣靴袜，即途中赐之"；"命所司给钞米衣服居室，病与医药"。一方面提供御寒衣物，一方面则提供经济支持与医药方面帮助，让交趾匠人能够渐渐适应北方气候。为了修建紫禁城，明廷不得不付出庞大的人力和物力，甚至想尽办法来征集各方的能工巧匠。身赋负业技术的能工巧匠可以说是稀有的人力资源，营造如此大型都城宫殿需要的技术人才数量更是规模空前，这一点即便在现代也是如此。

交趾起送的各类匠役人员之外，明初朝廷特别征发的交趾人员，便是上述文献中提及的送选幼童。明廷特别派遣官员教导他们读书识字，研习经史典籍，提高文化素养。永乐皇帝投入了大量的人力与物力规划这样的长期培训，是为使交趾幼童拥有专业技能，未来有机会成为一等内侍近臣，为朝廷所用。其成效也相当不错，例如紫禁城营建者之一，交趾太监阮浪。[7]《明史·宦官传》对于此事也有一些简略的文字记载，提及英国公张辅在交趾当地选出俊美秀逸的幼童，一同归国，朝廷将这些幼童选为宫中内侍太监。

除了明代官方文献外，在越南的重要史书《大越史记全书》卷八也可以看到"明人入东都……多阉割童男"的记载。[8]

上述两则史料都提及，交趾一带被选赴至京的对象，主要是外表俊朗秀美，样貌较为出众的交趾幼童，年龄大约10余岁，起征至京，送进宫中候用。宫廷中当差做事，某方面即是天朝皇家的体面，因此外表俊秀，模样体面，自然也是必要条件之一。

这些幼童接受训练后，进入宫廷担任太监，并在内廷各监司当差任事。内官监属于明代宦官的十二监之一，掌管木、石、瓦、土等十作，负责营造宫室等事，相较于其他内侍，交趾幼童常被安排的各监司，多半是技术性较强的内官监，例如阮安、阮浪和阮白等人即在内官监中当差任事。明初紫禁城兴建，交趾太监因缘际会参与其中，发挥其建筑上的专才，在营造过程中有相当重要的贡献。交趾宫人与朝鲜宫人的贡献与其在宫廷中的重要性，也引起了史学研究者的注意。[9]

越南史研究学者张秀民教授在《中越关系史论文集》

也曾举太监阮安作为例证。阮安于永乐五年被甄选入宫成为宦官，奉旨负责营建北京宫殿建筑，当时的他大约20多岁，不仅参与了明代永乐、正统两朝营建紫禁城的各项重大工程，并且还主持完成北京内城各项辅助建设，包括城门楼、月城、城濠和桥闸等。

阮安等交趾宫人因为杰出的能力与表现在宫中颇受重视与恩宠，不只担任各项重要职务，更逐渐形成一个很有实力的团体，张秀民先生甚至以"交趾派"称之。相较于朝鲜宫人，交趾宫人在宫廷日常生活中所扮演的角色，亦是举足轻重，可以说是一股不容忽视的重要政治势力。[10]

延伸阅读

1. 朱子彦，《后宫制度研究》，上海：华东师范大学出版社，1998。

2. 陈学霖，《宣宗朝鲜选妃与明鲜政治》，收于氏著《明代人物与史料》，香港：中文大学出版社，2001。

3. 陈学霖，《洪武庙朝鲜籍宦官史料考》，收于氏著《明代人物与史料》，香港：中文大学出版社，2001。

4. 陈学霖，《海寿：永乐朝一位朝鲜籍宦官》收于氏著《明代人物与史料》，香港：中文大学出版社，2001。

5. 陈学霖，《明代安南籍宦官史事考述：金英、兴安》收于氏著《明代人物与史料》，香港：中文大学出版社，2001。

6. 万明、张兆裕等编，《北京城的明朝往事》，山东画报出版社，2008。

注释

1. 朝鲜太祖李成桂在高丽王朝末期，由于击退倭寇与乱军而在政治上渐露头角。武人出身的李成桂逐渐掌握权力，后来在 1392 年 7 月即王位，并向明朝派出使臣，请求明廷认可，确立国号。明太祖朱元璋即以"朝鲜"定为国号，并赐给金印与诰命文书，正式承认李成桂政权。李成桂此后即以"朝鲜国王"自称，或以"权知高丽国事"作为对外称号，正式建立朝鲜王朝。参见：田中俊明编，《朝鲜の历史：先史から现代》（京都：昭和堂，2013），167–168 页。

2. 所谓的"秘密法门"，详细上来说这是一种结合瑜伽动作、宗教观想、脉轮，也就是梵语、藏语中的cakra、khor lo，现在也有译为"查克拉"的通俗文化译名。

3. 西方学者David M. Robinson曾在*Empire's Twilight*一书中有关于蒙元皇室与朝鲜王族之间通婚的详细讨论，这些研究印证了朝鲜王族经由婚嫁进入蒙元宫廷，走入了元代政权的中枢，有兴趣的朋友们也可以找来参考。参见：David M. Robinson, *Empire's Twilight: Northeast Asia under the Mongols*, Cambridge, Mass.: Harvard University Asia Center for the Harvard-Yenching Institute; Distributed by Harvard University Press, 2009。

4. 相关记载参见:《明英宗实录》,宣德十年三月初一条。

5. 明史学者陈学霖教授曾撰有专文讨论过宣宗朝朝鲜选妃的始末,并讨论到了明朝与朝鲜之间的政治情形。参见:陈学霖,《宣宗朝鲜选妃与明鲜政治》,收于《明代人物与史料》。

6.《明太宗实录》卷六十四,永乐五年二月前后的相关记载:"克安南之日,其境内才德贤知之人及有一善可陈、一世可用者,广为询问,悉以礼遣送北京。"此外,同年五月十九日永乐皇帝又有勑令指示起送匠人的相关细节:"交趾但有医、巫、筮、乐、工行院,及香匠、砖匠诸色工匠技艺人等,尽数连家小起送赴京。有身材长大者,能使铳者,能修合铳药者;善驾船,谙晓海道者,及诸色捕户,连家小送来。"参见:李文凤,《越峤书》,卷二,《书诏制敕》。

7. 史料文献记载太监阮浪的生平概要如下,可以略窥永乐皇帝在其人生际遇上扮演了重要的角色:"世家交趾,永乐中太宗皇帝因安南作乱遣将征之,众悉归附。时公甫十余岁,特俊爽,被选入掖庭,太宗见而奇之,冀成其才,命读书于内馆。"《明史·宦官传》记载:"英国公张辅以交童之美秀者还,选为奄,弘与王瑾、阮安、阮浪等与焉。"

8. 越南北部一带,古代地称"交趾",历代文书记载中多半袭用此称。后来直到嘉庆初年,阮福映在安南建立"阮朝",

特向清朝请封"南越国王"。几经商议，嘉庆帝改以"越南国王"册封阮氏，"越"字表示其"先世疆域"，"南"字表示其国藩封在"百越之南"，自此之后"越南"便一直沿用至今。参见：（清）穆彰阿、潘锡恩等纂修，《嘉庆重修一统志》（台北：台湾商务印书馆，据上海涵芬楼景印清史馆藏清道光二十二年进呈写本景印，1966），卷553，《越南》，"册封阮福映为越南国王"条。

9. 著名史家，香港中文大学的陈学霖先生便曾经撰文讨论洪武、永乐两朝的朝鲜籍宦官，以及针对安南籍宦官撰写相关史事考述专文。参见：陈学霖，《明代安南籍宦官史事考述：金英、兴安》，收于氏著《明代人物与史料》，香港：中文大学出版社，2001。

10. 针对阮安的贡献，以及交趾官人在明代宫廷中的重要地位，张秀民认为："明自永乐、宣德以后，宦官权重。当时宦官除本国人外，又多朝鲜人与交趾人，而交趾派尤有势力。凡保抱皇子、四夷征讨，提举市舶等，均有交趾太监之参与。其甚者更受免死诏，赐宫女，赏赉巨万，恩宠为内臣冠。安（阮安）之同乡同类，在宫廷中既具此种绝大势力，则安（阮安）受永乐、正统之宠眷，亦无足奇也。"参见：张秀民，《中越关系史论文集》，台北：文史哲出版社，1992。

第三章
紫禁城里上学去：明清时期的皇子教育

明朝对皇子教育的规定是，皇太子年届 8 岁，即由礼部题请"东宫出阁讲学"，也就是奏请对太子正式开始进行皇家教育。但有时皇帝担心太子年纪幼小，不堪劳累，也有推迟至 10 岁方才接受教育的例子。像是万历皇帝年届 8 岁时，隆庆皇帝对于礼部的奏请，批示"年十龄来奏"。后来，虽有张居正等人向隆庆帝呈上《请皇太子出阁讲学疏》，请求让太子早日读书。但在此事的议论上，隆庆皇帝却将奏疏留中不发，不予通过，也没有再另行交由臣子再作论议，皇太子就学一事依然维持原议。

张居正在奏疏中认为年幼的万历已经年满 8 岁，早已不是襁褓之中的婴儿，而且这段时间正是"聪明初发之时，理欲互胜之际"，必须好好把握这段黄金时期。他强调就学读书务必趁早，才能使皇太子早日成材，为圣君贤王的政治志业做准备。可是却没有成功，直到隆庆皇帝崩逝后，隆庆六年八月初八，张居正即进呈一道奏章，奏请万历皇帝在同年八月中旬，正式在文华殿进行"日讲"学习，更规划在次年春天即举行"经筵"仪典。[1]

明代的帝王教育："日讲"、"午讲"与"经筵"

　　基于经筵与日讲的内容是培养一国之君所需要的经典知识，明代的帝王教育即便在皇太子成为皇帝之后，依然持续。例如明孝宗皇帝崩逝后，武宗才刚继位不久，大学士刘健等人便向武宗奏请举行日讲，并且在次年二月便开设经筵。也因为有明武宗开设经筵的先例，张居正也奏请尽早开办"日讲"与"经筵"。

经筵

明代"经筵"其实是由一系列典礼规仪构成的教学活动，明朝初年时并没有明确的举行日期与固定的讲学场所。但是随着"经筵"渐次发展出相关的配套措施，到英宗正统年间有了相关的正式规仪。《大明会典》中记载："国初经筵无定日，或令文学侍从之臣讲说，亦无定所。正统初，始著为仪，常以月之二日，御文华殿进讲，寒暑暂免。"经筵举行日期，是每月初二、十二日，以及二十二日，每月在文华殿举行三次经筵。具体的"经筵讲期"时间，万历元年五月朝臣也议定了一个明确日程。"春讲"固定由二月十二日开始举行至五月初二结束。"秋讲"则是由八月十二日开始举行至十月初二结束。

实行细则上也有相关规定，例如参与成员职务等。礼部负责的大臣为提高皇帝学习儒家经典的效果，也用心设置一个良好的教学环境。《大明会典》中详细记载"经筵会场"的布置情况，包括：御座的位置，讲官们所坐的"讲案"位置等。经筵仪式的详细程序在《大明会典》中也有很明确的说明：皇帝御座坐向，进讲官员站立的相对位置，以及经史书籍排放方式，仪式中的赞礼和叩首次序等，都有一定规定成例。

这些课程每天是这样执行的：在"日讲官"开始讲授课程内容前，皇帝先会自行诵读《大学》10遍、《尚书》10遍，之后再由讲官开始授课。待讲官授讲完毕后，皇帝先至文华殿"暖阁"休息片刻，同时阅览由"司礼监"太监呈上的各衙门奏章。而讲官则退至文华殿西厢房。这时皇帝若是对各衙门呈上的奏章有疑问，便可以就近向讲官咨询建议。待批阅完奏章后，再由讲官率领"正字官"辅导皇帝练习书法，端正字体。

书法课程结束后，则要看皇帝当日意愿，决定是否有

第二次的课间休息时间。如果皇帝表示不进暖阁休息，便继续学习，讲官们会再接着进行"午讲"。所谓的"午讲"，主要的内容是《资治通鉴》的节要选读，讲官教学任务是用浅白的方式讲述历代兴亡史事，教导皇帝认识其中的兴替道理。如果皇帝对于选读内容有疑问，讲官会再用通俗的语言进行更为详尽的说明。待"午讲"正式结束，皇帝便会回宫休息，一天的授课至此完毕。

不过，皇帝的一天并没有结束，他还有课后作业需要完成，必须进行课后温习。依照张居正的规划与建议，万历皇帝必须温习当天阅读过的经书内容，并且抽空练习书法，习字一幅。

为了提高学习的效果，皇帝的日常生活作息也有详细规定：皇帝在每日日出时分进用早膳，日讲结束后用午膳。课程安排的进度，依照万历皇帝的例子来看，皇子教育的日程可以说安排得相当紧凑，并且学习上有一定的难度。例如：万历元年正月初五，朝廷就传谕将于正月初七开始日讲课程，就连年节期间也要维持学习的进度。此外，张居正并于万历元年十月初十，呈上奏疏，请求择日举行经筵。张居正在奏疏中呈请次年的二月初二前后，便要正式举行经筵仪式。不只如此，他在组织专业教学团队这一件事情上，也下足了功夫。其中，由万历皇帝首先任命成国公朱希忠担任"知经筵官"，并任命大学士吕调阳担任"同知经筵官"。再任命侍读大学士王希烈为"经筵官分直侍讲"，以及丁士美、陶大临、陈经邦、何雒文和沈鲤等人担任讲读官，这些人都是当时的一时之选。

日讲

所谓的"日讲"是依照着一定规章进行的教学程序，让皇帝可以依照规范的日程与教学内容，熟悉儒家重要经典。教学进度依照张居正参酌明朝历代日讲制定章程，为万历帝拟订的"日讲仪注"。教学内容则以万历帝在东宫时便已经熟读的《大学》《尚书》等经典作为基础。授课日程除了视朝之日可以暂免，大寒、大暑，或有风雨暂停，其余的日子都依照规定，照常进行。

皇家教科书:《帝鉴图说》与帝王教育

张居正为了万历帝还费尽心力规划了《帝鉴图说》这本帝王教育启蒙读物。《帝鉴图说》为隆庆六年十二月十八日于文华殿进讲时，张居正率领讲官进呈，作为日讲教学的重要教材。《帝鉴图说》在内容规划上很有创意，书中内容共分成两个部分，一是圣哲规范，二是狂愚覆辙，也就是分别从正反两面陈述历代帝王的言行事例，供皇帝学习。具体内容规划则是按照年代顺序，呈现自尧舜以来至北宋历代帝王的重要言行，并选取其中"善可法者"81件，以及其中"恶可戒者"共36件事，逐条以图文并茂的方式介绍说明，同时注有褒贬。每一事例都配有传记白话注解与精美的插图。

《帝鉴图说》一书被分成两册也有特殊的易学含义。一册81事，另一册为36事。张居正在《进〈帝鉴图说〉疏》中写道，由于善行为"阳"，是吉数，故用九九八十一的单数，象征阳数。另一方面，恶行劣迹为"阴"，是凶数，要使用六六三十六的双数，象征阴数。除此之外，书名也有所讲究，张居正等人引唐太宗"以古为鉴"之意，将此书称为《历代帝鉴图说》。不过在《明实录》与张居正《张太岳文集》等历史文献中，书名多半是写作《帝鉴图说》，作为习惯的名称。

《帝鉴图说》的用意，张居正也曾经详细地说明过，可以分成两方面来讨论。第一，他希望透过此书有效地增加万历皇帝关于历代政治得失的知识。他写道："窃以人求多闻，事必师古，顾史家流，亡虑千百，虽儒生皓首尚不能穷，岂人主一日万机能遍览。"[2]亦考虑到皇帝日理万机，难以遍览史书，于是透过《帝鉴图说》图文并茂的内容，使年幼的万历皇帝更有效地增加对于历代政治得失的理解。第二，《帝鉴图说》也带有道德规劝的意味，希望皇帝能够在学习过程中，吸取前人教训，实现仁德善政，成为后世尊崇的模范。

《帝鉴图说》与君臣间的教学问答

万历元年十月前后，张居正进讲《帝鉴图说》时，讲到宋仁宗不喜珠玉的故事。万历皇帝听完后便讲"国之所宝在于贤臣"，他认同君王应当重视贤臣，而不是专注在珠玉宝物之上。张居正趁着这个机会便进谏万历帝"明君贵五谷，而贱金玉"，意思是粮食五谷可以养人，所以古来圣王都相当重视贵之。金玉虽然珍贵，但是却"饥不可食、寒不可衣"。

这次进讲的同时也使万历皇帝对于宫中妇女的开销费用有了一些想法。他谈到每年都会按例赏赐宫中妇女各种饰品，但是因为重视节省，以致宫人对赏赐内容颇有怨言，让万历皇帝只好常用宫中府库藏储积累不足，作为节约开支的托辞借口。[3]

除了宫中人外，万历帝和张居正也讨论到李太后外戚家武清伯李伟倚侍恩宠的问题，他们屡屡要求赏赐，更常有不法滥权的情况。万历皇帝甚至在日讲中，向讲官说出了心声，强调外戚家不守法律，自己总得"委曲调停"。他们常滥用外戚的权力，不知安分守法，让他十分困扰。

除了评论宫中人花销支出等问题，万历皇帝与张居正在进讲的过程里也谈到对于明朝历任皇帝的评价。张居正对于明代皇帝的各种失德怠政并不回避，反将其作为教材，明白地指出领导者的过错。《国榷》曾经记载万历四年三月前后，张居正在进讲《帝鉴图说》时，讨论唐玄宗在勤政楼宴请安禄山的事件。两人的话题一开始围绕着唐代开元之治到安禄山变乱渐起的发展，接着张居正话锋一转，谈到了明世宗嘉靖初年重视农民生计，勤于政务，但是晚年迷信道教，崇尚玄修，政务荒废的故事。张居正讲到明世宗的政治得失，最后引用《大宝箴》的内容，强调了"民怀其始，未保其终"的看法，希望皇帝能慎始慎终，为国家长久之计多多着想。

张居正不但将《大宝箴》列为补充教材，平日更以《大宝箴》当作皇帝练习书法的影格底本，让万历帝可以在临帖习字的同时，也学到《大宝箴》中的规箴内容。为了加深皇帝的印象，他还奏请皇帝不只是练习书写文字，也要熟记背诵，最好还要能够通晓内容要旨，才能真正对学习帝王之道有所帮助。

除此之外，为了强化《大宝箴》的学习效果，张居正更亲自编写一篇《大宝箴》注解，希望万历皇帝能够熟记并完整背诵下来。果然，经过一段时间的学习后，万历四年二月十九日，万历帝在文华殿完整地背诵出了《大宝箴》。从当时的文字记录，我们可以看到，当天皇帝一字不差高声背诵了一遍，声音清亮悠远，余响绕殿。文华殿中官员与左右侍臣，无不感动欣喜，共同称庆祝贺。

实务案件分析，结合政治决策的教学方式

万历元年九月，在日讲教学中，万历皇帝向张居正请教了任命吏部尚书人事案的意见。《明实录》中记载了当时两人在文华殿中，讨论吏部铨曹中吏部尚书人事案的详细过程。当时吏部共提供了三个人选：葛守礼、朱衡与张瀚。万历皇帝在听取了张居正对于三人的履历简介后，做出了以下决策。

万历帝认为葛守礼虽然是品性端正之人，但是年纪较大，而朱衡的外界评语不佳，所以询问张居正是否任命南京工部尚书张瀚转任吏部尚书最为合适。张居正奏称回答"上得之矣"，表示皇上任命得人。张居正认为张瀚品格甚高，文学政事皆有专长，足以担当此任。同时，他也认为皇上的任命出乎意料之外，特别将张瀚由南京提拔至北京，张瀚必定感念皇恩，力求报效。

《大宝箴》

张居正选用的进讲教材中有一本名为《大宝箴》，此书是唐太宗时，由书记官张蕴古进呈御览的规箴。书名当中的"大宝"，系指人君所居的君王宝位，而以"箴"为名，意指"儆戒之辞"，也就是君王在日常中应当恭敬遵守的相关规定与原则。由于君臣上下有别，为人臣子者不敢直接规劝天子，因此称这本书为《大宝箴》，有婉转表达儆戒规劝的意思。《帝鉴图说》有则条目"纳箴赐帛"写着一段很生动的说明，浅白直接地说出了《大宝箴》的重要性："这箴中的言语，字字真切，句句有味，从之为尧舜，反之为桀纣。人君尊临大宝，须把这段说明，常常在目，做个箴规，方可以常保此位，所以名为《大宝箴》。"

由此教学案例，我们可以看到张居正作为帝师，利用日讲教学，不只教习历史经验故事，更引导皇帝在实际人事任命上，学习做出正确决策。同时也通过实务机会，让皇帝更了解人事任命应该考虑的重点为何，进一步培养领导统御能力。日讲除了政治决策案例讨论，有时候也会深入到更具体的案件处理，以及国家律法。例如万历三年四月前后，张居正与万历帝讨论锦衣卫都督陆炳一案。张居正说，已经身故的锦衣卫都督陆炳虽然在生前建有功勋——曾经在行宫火灾之中，抢救嘉靖皇帝，但深受皇恩后，恃宠而骄，作威作福，这是陆炳无法逃避的罪行。

正所谓国有国法，依照大明律法，只有谋反叛逆罪，才会没收家产充公，其他的罪名没有这项处罚。陆炳身后家产已经被追讨散尽，后代子孙贫困无依，生活情况有如乞丐一般。况且没收家产充公的处罚之外，也没有再另外追讨赋税钱粮的规定，所以张居正认为如果再加重罪责，穷治其罪，陆炳后人子孙只有死路一条。

而陆炳并非犯下谋逆造反之罪，并曾有保驾护主的功劳，所以不让其唯一的后人得一点庇荫保护，恐怕不合人情。在经过这一番讨论后，皇帝也同意授意司法官员处理，从公议定详勘陆炳生前功罪与家产问题。

最后，朝廷核定陆炳家产已经尽数充公，子孙连累入罪的人犯，都应酌情减刑。这一件案子涉及情理与国法的考虑权衡，还有皇室尊严的维系。张居正可以说通过教育，让这件案件完成了多方面的目的，让皇帝学习政事处理的同时，也可以将前朝累积下来的复杂政治问题得到妥善解决。

阿哥们上学去：清朝尚书房与皇子教育

相较之下，清代的皇子教育则重视"国语骑射"，相关的教学务必使皇子们一方面知晓满洲语言，另一方面也能骑马射箭。明清两朝在帝王教育上有着相当大的差异，连教学场所也都不一样。不同于明代在"文华殿"教学，清代在"尚书房"中设立了皇子教育的相关人员建置，由专职的师傅教授皇子文化知识。

根据《大清会典事例》记载，皇子6岁以上，即要到尚书房读书学习，皇孙、皇曾孙也都比照办理。教学师资方面，则是拣选大学士、尚书和翰林等，同时也选派满洲和蒙古族的大臣、侍卫数人负责教导国语和骑射。乾隆十三年，乾隆帝在《御制宗室训》中更特别强调宗室子弟学习"国语骑射"，并阅读汉文经典与学习诗文的教育内容，安守"读书守分"，让子弟们都能明白"孝悌忠信礼义廉耻"的基本道理。[4]

乾隆帝更命人将《御制宗室训》录写一份，特别悬挂在尚书房，希望使读书上学的皇子皇孙都能够"触目儆心，敬绍予志"。所谓的"国语骑射"，"国语"指的正是让皇子们学习满语，熟练地使用满族语言文字。

由于满族是由马背上取得的天下，因此除国语外，骑马与射箭的技艺也是皇子教育的重要一环。"国语"与"骑射"可以说是满族文化的根本，也就理所当然地成为了皇子教育的主要内容。[5]

不过，不管规定再怎么详尽，人性总是比较倾向于逸乐闲散。尚书房的教学长久执行下来，渐渐地出现了一些状况，但不同于一般印象，学生总是制造麻烦。尚书房的问题出现在教书的师傅身上。依照尚书房的规定，师傅应当每年春分以后，在每日申正时刻退值下课；每年在秋分后，则下课时间可以提早，于每日申初时刻散馆下课。但是久而久之，尚书房的师傅渐渐开始不太遵守旧日章程办法，上下课时间没有依照规定，只将每日散馆的时刻告知管门太监，登记备案，以便稽核覆查。而管门太监也没有认真询问，将散馆时刻详细登记。

长久下来，日渐懒散的尚书房师傅提早散馆，不按时上下课的事情终于被嘉庆皇帝知道了。

嘉庆十一年十一月前后，嘉庆帝特别颁下谕旨，要求当值的师傅必须依照规定按时上下课，并且由管门太监认真登记，不可随意提早散馆。如果有被发现师傅随意提早散馆，没有详细登记，一经查出，必定严厉究责处罚。《史语所藏明清内阁大库档案》也记录了这则上谕，还有后来尚书房师傅万承风、桂芳和戴殿泗等人被究责议处，罚俸半年的相关记载。[6]

后来经过一年的考核观察，嘉庆十二年十月中旬前后，嘉庆皇帝做出裁示，他认为尚书房师傅戴殿泗"老实无能，本不称师傅之任，今又误班获咎"，谕命师傅戴殿泗退出尚书房，并罚俸3个月，以示惩儆。同时，为了提高教学质量，嘉庆皇帝更换了尚书房的教师班子，并任命王懿修担任尚书房总师傅。[7]

为人父母没有不为了孩子的教育忧心烦恼的。嘉庆帝即便贵为天子，也免不了要为孩子学习读书煞费苦心。透过乾隆帝和嘉庆皇帝的训令与谕旨，我们可以看到清代皇家教育的特殊内容以及良苦用心。不过其实尚书房的师傅也不容易，一方面要办理公事，另一方面又得教育皇子皇孙，再加上皇帝的特别关心，真是一件费神累人的苦差事。

延伸阅读

1. 韦庆远，《张居正和明代中后期政局》广州：广东高等教育出版社，1999。

2. 朱东润，《张居正大传》上海：上海书店，1989。

3. 黄仁宇，《万历十五年》台北：台湾食货，1994。

4. 邱仲麟，《独裁良相：张居正》台北：久大，1989。

5. 林丽月，《奢俭·本末·出处：明清社会的秩序心态》台北：新文丰，2014。

6. 林丽月，《读〈明史纪事本末·江陵柄政〉：兼论明末清初几种张居正传的史论》《台湾师范大学历史学报》（1996.6）第24期，41—76页。

注释

1. 参见：张居正,《张太岳集》,卷三六,"请皇太子出阁讲学疏"。

2. 参见：张居正,《张太岳集》,"进《帝鉴图说》疏",卷三八,478–479页。

3. 根据史料文献记载,当时万历皇帝对于张居正的提问,作了详细的答复。万历帝如此回答："然宫中妇女只好妆饰,朕于岁时赐赏,每每节省,宫人皆以为言,朕云:'今库中所积几何?'。"参见:《明神宗实录》,卷十八,万历元年十月乙卯条,520页。

4. 乾隆皇帝更在《御制宗室训》中提及子弟们应当遵守的学习要旨,以及生活常规分际:"若问予立身之要。曰:'孝悌忠信礼义廉耻'。若问予应为之事。曰:'国语骑射读书守分'。若问予不应为之事。则一二不肖子弟自知。"

5.《大清会典事例》,"宗人府",卷九,"职制三·禁令",134a–135a页。

6. 参见:《大清会典事例》,"吏部二",卷一一一,"处分例·朝会祭祀",429b–430a页;《史语所藏明清内阁大库档案》,

文献编号：193035-001，嘉庆十一年十一月，吏部为尚书房师傅专课章程由。

7. 参见:《史语所藏明清内阁大库档案》，文献编号：230644-001，嘉庆十二年十月十八日，礼部为奉上谕事。

第四章

皇帝眼皮下的民间秘密宗教（上）：真假白莲教

清朝乾隆至嘉庆年间曾经发生一系列影响甚深的民间秘密宗教活动，相关案件屡禁屡起，大小乱事更是接连不断。乾隆皇帝特别认为，邪教绝对不可姑息，但也不能波及无辜，务必要留心处理："但属有此乱民，皆吾君臣不能化民之愧也。"对于不能妥善教化百姓，他感到相当愧疚。下面将由白莲教徒开始谈起，从真真假假的信息中，试着将眼光渐渐由熟知的历史叙事，移向陌生而神秘的民间秘密宗教世界。

真假白莲：乾嘉以来庶民社会对于白莲教的恐慌与想象

清朝民众其实相当害怕白莲教等民间秘密宗教团体的叛乱活动，甚至会出现集体性恐慌与反常行为。每次有案件发生，都会造成各种绘声绘色的传闻。嘉庆朝时盛大士（字子履，嘉庆五年举人）便曾在其所辑《靖逆记》序言中提到当时关于天理教起事的街谈巷议。

盛大士写道："甲戌（嘉庆十九年）中春，余计偕北上，道经山左，遇客自军中来者，备述齐、豫用兵事。及至京询及林逆构乱，都人士言之甚详，因缀录所闻……"盛氏赴京途中，和在京城里，听闻众人交头接耳，人心浮动，议论纷纷。故宫博物院典藏的《嘉庆朝宫中档》也有一段关于襄阳、安陆等地白莲教叛乱的记载。里面写到当地乡村被无赖棍徒所伪装的白莲教徒攻击，饱受惊吓，众人四处奔逃。大概在嘉庆元年夏季开始，安陆地方就一直被盗匪侵袭蹂躏，地方乡里和市集中的百姓只要听闻盗贼要来，便会惊慌逃散。地方上便有一些无赖光棍利用这种情况，趁百姓逃离住所躲避贼匪的时候，进到百姓家里，抢夺家中的物品。有时候，这些光棍甚至还会真的尾随盗匪到抢掠的地方，假装自己是白莲教，以此吓散乡民，再趁乱抢取财货衣物。[1]

清朝档案文献也特别指出"白莲教"有时并不一定是民间秘密宗教信徒所发起的叛乱活动，反而变成了一种诬告他人的罪名。

举例来说，嘉庆十年六月前后，北京便发生革职护军为逃避债主索讨积欠银钱，便动心起意用白莲教的名义举报债主习教，意图以"白莲教"为名，匿名向官府举报呈词，希望能耸人听闻，让债主被捕。[2]

利用"白莲教"犯罪的案件中，有人用咒语来骗诱信众，有人用邪教来诬告指控对方，更有不肖匪徒装扮为白莲教教徒来恐吓乡民，试图"趁火打劫""顶替假冒"，图谋私利。[3]

这一类的犯罪常常造成百姓集体逃离村落，盗匪又利用百姓的恐惧心理抢夺掳掠。我们可以看到，这些邪教叛乱所带来的恐惧，已经到了杯弓蛇影的地步，地方乡民百姓的无知愚昧常常又扩大了人们对邪教的恐惧想象。有时传闻本身，较真实的事件而言，更加骇人听闻。

对于清廷而言，这些游手好闲之徒就是盗匪的成因，多半用"游民"或"无赖棍徒"称之。事实上，无论是"无赖""游民"，还是"客民""棚民"，在清朝档案的记载中，常常都是用"单身往来，踪迹无据""行踪诡秘，来去靡常"来形容。因此清朝官员在侦查流动人口时，不只是搜查可能存在的邪教信徒，更是要加强对百姓的管理。可以说，因为这些原因，清廷对于地方上各种流动人口保持敌意，甚至对四处云游行脚的僧人和道士，以及供给托钵僧侣挂单的寺庙，都严格地管理。

清代官方对京城内外的官私庙宇特别加强管理，尤其于每年岁末时，会派员稽查寻访有无"游方僧道""陌生可疑"与"来历不明之人"。从《嘉庆朝外纪文件》的记载可以看到嘉庆四年十二月中旬，京城特命步军统领衙门、顺天府、五城御史派员稽查内外官私庙宇，查访有没有"外来游方僧道"与"面生可疑，来历不明之人"。[4]

嘉庆六年也有谕示要求京城官庙不准招租。私庙虽可出租，但饬令负责管理僧道人必须查明租住庙宇的人，据实呈报给官府存案备查。来历清楚的人，才可准许寺庙收留住宿。嘉庆十八年（1813）天理教乱事前后，地方教乱不断，清廷对于京城内外官私庙宇的管理更是越来越严密。京城内官管庙宇由礼部、内务府及步军统领等衙门各派员随时查察。京城内外私营庙宇，则由步军统领衙门、顺天府、五城御史与督理街道衙门一同不时派员稽查。[5]

北京城中许多佛寺、庙宇和道观都有留宿或收容外来僧人、道士的习惯。外来人口在京城并不少见，嘉庆朝上谕档里面便写到下京城的水夫多是外来的山东籍移民。嘉庆六年四月十一日记录一则故事：山东籍挑水水夫寄居在京城西四牌楼附近的"九天庙"，向管庙道士租赁庙中的闲置空房。后来，这一群水夫因为细故，失手杀死了一位一起工作的伙计林聪。意外发生后，这些人把房间的门锁起来逃走，后来才被官兵发现。他们还在庙后埋藏了林聪的尸身。[6]

其实也不能怪朝廷对于北京京畿一带寺庙严格查察，禁止留宿，或将闲置房屋租赁民人。事实上，流动的人口多了，自然免不了有许多纷争，也容易发生意外，这么做也是为了防患于未然。

白布施咒暗害人案件：庶民日常生活中的邪教想象与恐惧

当朝廷积极处理流动人口与假借宗教之名犯罪的时候，官方与民间的各种恐慌开始形成一种互相交流的状况。这些恐慌的反应引出了大量有关"邪教"的谣言。在专门登记抄录外省大臣奏报的档册《外纪档》中有个案例是这样的：

嘉庆二十二年（1817）直隶河间府吴桥县民任忠赴京告白莲教。根据任忠的供词，任家人本来在吴桥县开店居住，一向以织布为业。但他的族叔、族侄、族孙、胞弟等人，却去拜了民间秘密宗教的教首人物杨八道为师，一同"烧香念咒""施放鞭炮"。不只如此，他们甚至用石灰浆洗布匹，然后用棒捶砸打，试图在布匹上施行邪术，要害人性命。在任忠的口供中，他认为别人若是将这些已经被施以邪咒的布匹买回去，全家就会因此病故。

嘉庆二十一年十二月十九日，也就是任忠控告族亲前一年，他说，在舅舅和亲人的逼迫下，出于无奈，他被迫将被施以邪术的布匹带到邻近东光县的市集上，卖给了高姓靴铺，造成高姓家里其中一个人亡故。任忠听说闹出人命以后，就不敢再回家。后来的一年内，任忠的儿子、两个侄女和一个侄女婿都陆续过世。这让任忠心里更加害怕，他觉得家人的身故不是意外，而是被人念咒害死的，而且这些烧香习教的族人信奉的可能就是"白莲教"。他非常担心一旦族人信奉白莲教的事被官府知道，自己也会受到牵连。因此，到了嘉庆二十二年十一月二十一日，任忠便决定起身进京，向官府主动控告此事。十一月二十八日，任忠走至正阳门内，便被巡查的官人盘问捕获。

这起案件很值得留意的是，向官府呈控的任忠，控告的白莲邪教信徒并不是陌生人，而是他的家人与邻里间的故旧熟识。他认为被邪术害死的是自己的亲生儿子、侄女和侄女婿，还有平常买卖交易往来的人家。供词中提到的邪术也不是什么稀奇的事物，而是他日常营生的布匹。无论是烧香念咒、石灰浆洗，还是棒捶砸打，其实都是任忠日常生活中会发生的事，但却成了他对于白莲教的控告，由此可见，恐惧确确实实地普遍弥漫在地方乡里的日常生活里了。这个案件或许如同官员所写的结论，一切都是因为任忠疯言疯语，胡乱编派，但是，不可否认类似案例并不是特例，在《外纪档》，还有清朝官方或其他民间档案里都记录了许多近乎乡野传奇般的故事，在现实与想象之间，流露出对于白莲教的不安与恐惧。

嘉庆年间的"匿名揭帖"控告传习邪教案件

另一件抄录于《外纪档》的邪教控告案则是与"匿名揭帖"有关。所谓的"匿名揭帖"，有时又称之为"匿名帖子"，顾名思义，就是一种类似现代社会匿名黑函的文书，时常用来匿名指控一些相当严重的犯罪事件。这不只是常常发生在现在，清朝档案记载，"匿名揭帖"也时常出现在民众出面控告邪教与谋反的案件中。

当时"匿名揭帖"最常出现的样貌是张贴在人群聚集来往的街市、钟楼和鼓楼等处。其中一起匿名揭帖控告邪教的案子，就发生在嘉庆二十二年十二月前后。直隶沧州人刘宗元由于向张玉魁索讨积欠的钱，导致张氏不满，张氏便唆使同样是欠债户的王廷伦去河南府告官，并与民人王野亭等人争讼兴案，最后牵连刘宗元入案。其实在刘宗元向张玉魁追讨欠债时，官府还查出张氏私下挪用库项预征银两，可是却经张氏串通门丁，略施手段后，刘宗元反而被关押了。

至于"匿名揭帖"控告邪教的发生始末，则是刘宗元因为生病将堂弟刘升官叫来照料他后发生的。刘升官和一位高姓人士一起外出没有回家，之后，便被宣告失踪，随后钟楼市街上便出现控诉刘升官"行止可疑，似系邪教"的匿名揭帖。该匿名揭帖内容叙述非常详细。

"匿名揭帖案"的口供内容

刘宗元家中佣工侯文政的口供供词如下：本年十月刘宗元又赴总督前控告，因病将堂弟刘升官叫去服侍，后来同一高姓人出去未回。刘宗元在省城找寻，至十一月十五日见钟楼地方贴有匿名帖，上写刘升官相貌凶恶，行止可疑，系沧州人。细查沧州门牌户册并无其人，见他时而在京，时而在通州。又见他吃酒先用手指点酒在桌，先祭后吃，好似邪教，随他到了保定府，见他与人呼兄呼弟。访那人系沧州刘宗元，与他是亲伯兄弟，形迹一富一贫，一绅士一游匪。正猜疑间，刘升官踪影不见等语。刘宗元又走到串心楼等处，又见有红帖与前帖话语相同，刘宗元当将匿名帖揭下收存。是月二十八日，将我叫到保定府，给了我呈词一张……参见：台北故宫博物院藏，《嘉庆朝外纪档》，嘉庆二十二年十二月册，嘉庆二十二年十二月初六，054–055 页。

据刘宗元家里佣工侯文政的口供，嘉庆二十二年十一月十五日，钟楼有人贴出了"匿名帖"。帖上写说沧州人刘升官外貌凶恶，而且行事可疑，更在沧州户口门牌中没有查到这个人的相关记录。至于供词中所谓的"行止可疑"指的是刘升官时而在北京，时而在通州，两地往来。时至今日，我们可能很难想象时常来往于北京城和现在早已经被划入北京市区里的通州之间，会被认为时常往返两地，是种形迹可疑的行为。但对于清代社会而言，移动的本身就是一件值得注意的事件。这段档案中的叙述正反映了清廷对于庶民百姓的各种移动迁徙保持着各种各样的怀疑，时时刻刻不敢放松其警戒之心。匿名揭帖中的一段话"形迹一富一贫，一绅士一游匪。正猜疑间，刘升官踪影不见等语"，透露出当时的恐慌氛围。也就是说原本不该接近，不该称兄道弟的两人，如今相交来往，这就是可疑，可能是潜在民间秘密宗教的信众，同时更是潜伏的危机。这种在日常生活中展现出的恐惧，不只是移动这么明显的事，就连平常饮酒时用手指点酒这样的餐桌小动作，放在当时的语境里，也可以意味着是信仰秘密宗教的某种特殊仪式。这些日常生活中的小细节，若是加上恐惧，便会有了全然不同的意义。

同时，我们从案情经过中也发现一个很有趣的关键点：涉案的两边虽是因钱财纠纷而引起的诬告，但指控其实只是一种表象，更值得注意的是书吏在地方司法的运作。他们竟然如此巧妙地运用手段，从捐职九品的官员到地方官府，一路争讼相斗，直至直隶藩司总督处，"邪教"皆被争议，这不只意味着恐惧，也成为了法律诉讼的过程中攻击对手的武器、技术与手段。不只在兴起诉讼好用，甚至还可以从中谋求个人利益。

延伸阅读

1. 马西沙、韩秉方著，《中国民间宗教史》北京：中国社会科学出版社，2004。

2.（清）盛大士《靖逆记》上海：上海书局，据嘉庆二十五年刻本影印，1987。

3. 庄吉发，《真空家乡：清代民间秘密宗教史研究》台北：文史哲出版社，2002。

4. 戴玄之，《中国秘密宗教与秘密会社》台北：台湾商务印书馆，1990。

5. 梁景之，《清代民间宗教与乡土社会》北京：社会科学文献出版社，2004。

注释

1. 该件档案中记载如下："……自上年夏秋至今屡被贼匪往来蹂躏，乡村市集居民听闻贼氛将近，多即惊骇奔逃。因有无赖棍徒揣知乡愚，易于恫喝，即声言贼众已到。乘民敬怖闭门避之时，纠党肆行，抢取留存什物……该犯等纠约同党假称往大营，当夫尾随贼后，经过地方假装白莲教吓散乡民，乘机抢取衣物……"参见：台北故宫博物院藏，《嘉庆朝宫中档奏折》，文件影像编号：001984，嘉庆二年二月十一日，奏为严办假装教匪乘危抢掠之乱民。

2. "护军"，满文写为"bayara"，初名"巴牙喇"，即护卫亲兵之意。顺治年间定为"护军营"，是清代负责守卫宫门与扈从的武职官员。参见：安双成等编，《汉满大辞典》，402页；羽田亨，《满和辞典》，37页。

3. 参见：(清) 盛大士，《靖逆记》，卷首，1a页；《史语所藏明清内阁大库档案》，文献编号：182253-001，嘉庆十年六月，吏部为审讯投递匿名揭帖之皂保事；台北故宫博物院，《宫中档乾隆朝奏折》，第七二辑，124页，乾隆五十四年闰五月一日，湖广总督毕沅奏为拏获邪教姚应彩余党现在穷追严究具奏事；台北故宫博物院，《宫中档乾隆朝奏折》，第三七辑，253页，乾隆三十九年十月十五日，河南总督何煟奏闻钦奉谕旨严饬南汝道两府严缉王伦逆党及实系邪教人犯情形并恭缴朱批事；台北故宫博物院藏，《宫中档嘉庆朝奏折》（复制本）第31辑，540页，文献编号：404018398，嘉庆二十年四月十七日，河南巡抚方受畴奏报遵旨分别查办河南信阳州邪教情形事；台北故宫博物院藏，《军机处档·月折包》，文献编号：049586，嘉庆二十一年十月三十日，山东巡抚陈预奏为接奉谕旨办理缉捕东省传习邪教缘由事。

4. 档案文献的原文记载如下："嘉庆四年十二月十三日奉上谕，嗣后京城内外官管庙宇，如外省赴京引见及候补候选人员原可任其租住，不必官为禁止，俾僧道等亦得香火之资。惟外来游方僧道，及面生可疑，来历不明之人，必当实力稽查，断不准容留，致令潜匿。仍于年终汇奏一次，不可虚应故事，有名无实……"参见：台北故宫博物院藏，《嘉庆朝外纪档》，嘉庆二十三年十二月册，嘉庆二十三年十二月十九日，360–362页。

5. 台北故宫博物院藏，《嘉庆朝外纪档》，嘉庆二十三年十二月册，嘉庆二十三年十二月十九日，360–362页。

6. 档案中记载："……西四牌楼九天庙内有居住之山东挑水民人刁珍等十四人锁门潜逃后，经看街官兵查出殿后有浮土一处，当即刨出尸身，认系刁珍伙计林聪，请将道人张二、道士周端佩，并住庙之张广林等二十五人俱交刑部审办等语。此案张二等将庙宇闲房赁住刁珍等十四人之众，此外同住庙中者复有张广林等二十五人，似此任意租给多人，安保无盗贼匪徒，潜踪其内……"参见：台北故宫博物院藏，《嘉庆朝上谕档·嘉庆六年四月夏季档》，文献编号：601001025，嘉庆六年四月十一日，00087–00089页。

妇人、疯癫、狐仙：梦境交缠现实的北京民间信仰世界

当我们讨论到国家安定时，清朝的宫廷档案提供了相当值得注意的材料。特别是管理北京城秩序的重要机构——步军统领衙门，在《军机处档·月折包》中我们可以找到它对京城内的民间秘密宗教与医疗行为的管制与处理方式。步军统领衙门作为国家秩序的象征，在京师管理与维持京城的安定方面具有特别的意义，透过相关的档案

文献，我们可以看到围绕京城发生的各种民间秘密宗教事件。

北京城的大小事务因为位于权力核心，往往产生更大的影响。往往单纯的小事件会在政治的权力核心激荡，进而引发极大的反应。以下，就让我们从一件发生在北京朝阳门附近的狐仙案件谈起，通过曲折的案情，一起慢慢走入北京城里庶民百姓的宗教信仰生活，一探究竟。

狐仙是华北地区常见的民间信仰，但发生在京城里，往往便备受关注，而且由官员们详细询问与记录下来。当时供奉狐仙的信仰仪式，常成为民间女性医疗的人际网络。嘉庆二十二年六月二十四日发生在北京朝阳门外王家园地方的回民妇人王周氏狐仙案便是个很离奇的案例，文献记录为"步军统领访获王氏供仙治病由"。

此处的"供仙治病"，其实指的是供奉狐仙，这位在京城中生活的回民妇人不信仰伊斯兰教，反而崇信狐仙并供奉狐仙为人治病。"我娘家在马驹桥居住。我十五岁时，得了疯病，梦中一妇人年约六十岁，身穿蓝绸衫斜披红袖自称'胡姑姑'，说给我治好病，叫我指她的名给人治病。"[1]根据王周氏的供词，"胡姑姑"，其实也就是"狐仙姑姑"

的代称，狐仙化身为一个60岁蓝衫的老妇人并成为王周氏医术能力的来源，让王周氏可以在朝阳门一带行医，为人治病。

朝阳门一带，指的是邻近大运河码头的北京"粮门"，通过运河而来的粮食在这里经过检查后储入粮仓。可是这里虽看似是四方粮米汇聚之处，但其实在附近谋生不一定容易。比如王周氏必须得靠狐仙医治妇科与小儿科和消化不良的疾病作为谋生的手段。案例中还有个很有趣的地方：供奉狐仙的供品多是烧酒、鸡蛋等，这和台湾民间信仰中的虎爷祭祀相当类似。这类幼儿保护神因为具有动物特质，多半用特殊的供品进行祭祀。我们可以说，民间宗教信仰对于动物神有一种特别的概念，就是可以用一些特殊的祭祀供品来请求位阶较低的神明特别关照，可以说是祈请保佑，也可以说是以愿望和利益做小小的交换。

通过上面的案情，我们看到"胡姑姑"在梦境中幻化于王周氏，两者合而为一，成为一个权力认同的标志物。透过她的图像，王周氏找到了自己在地方社群认同的形象，这使王周氏在王家园这样一个以王姓为主社群的乡里找到认同。同时，疯人的形象也附加表现在王周氏的身上，以不稳定的精神状况配合"胡姑姑"的梦境，加上王周氏处理的疯症病患，以及参与提供符咒一事的各种佛道僧尼，都提供了社群边缘人的医疗救济。

这份文件中出现了大量的边缘人，扛运粮食的于六、疯症的患者、王周氏、街坊中的僧尼夏庆，他们都是经由民间宗教与医疗，相互串联成了一系列人际网络。这样的人际网络越趋绵密，各种疯狂的言语和边缘的人群，以及神秘的民间宗教信仰，作为人类文明的一部分，成为清帝国不能回避的社会现象。

作为北京城的秩序维持者，清朝官方所要面对的是嘉庆年间天理教乱事，甚至发生民间秘密宗教信众攻入紫禁城的事件。邪术的真伪已不是清朝官员最关心的问题，而是群体，一个有可能成长扩大的社群。乾嘉时期的国家控制力也就展现于此，运用各种措施来阻止一切可能破坏国家秩序的潜在敌人。

狐仙与邢大：一件发生在京城的男扮女装案件

如同《聊斋》里的情节一般，民间信仰的狐仙并不老是住在深山老林，他们也得找工作糊口，时常需要学着凡人来京城找差事，混口饭吃。北京城中的狐仙，由上述的王周氏，到接下来我们要谈到的邢大，都是同一个民间思想的侧写。这类巫者对于庶民百姓，可以说是有如心海罗盘、心灵导师。但事有一利，必有一害，狐仙可忙坏了九门提督与步军统领衙门的老总们。巡城时，他们总得交几个形迹怪异、亦仙亦道、非僧非尼的江湖人物给上头交差。

乾隆皇帝不只是喜爱修纂《四库全书》，也特别注意政治敏感词的文字检查工作，各种触犯忌讳的文字都可能引起政治上的激烈反应，也就造成不少的邪术案子。许多民间秘密宗教的案件口供中，我们时常可以看到一些涉及谋逆造反的只言片语。有时候只是几句谈及白莲降世，有的时候只是几句符咒，或者只是一些狐仙附身的巫者口中说出的胡乱言语。乾隆皇帝的继承人嘉庆皇帝接下大位后，由于经历了嘉庆十八年天理教打入紫禁城的乱事，也特别重视查禁各种民间秘密宗教的活动。北京城里抓些不法术士的事情，也就开始层出不穷。接下来的这个狐仙故事发生在嘉庆年间的北京城里一个为人烧香看病的 34 岁妇人"邢大"身上。

用现在的眼光来看待邢大的生活，可以发现其实他就跟许多在台北火车站前帮人算命的关西摸骨师很相似，常守在通州家乡附近为人烧香看病。通州在清代可算是京城的大门口，南来北往的客商在此汇聚，热闹之极。8 岁丧父的邢大与母亲从河北任邱县一同来京谋生，而他性别与身份的错位也便从此开始……

11 岁时，邢大的母亲因病离开，邢大在洪大的介绍下，到了北京城东直门附近的靴铺工作。这一年很不幸，他被同伴李四鸡奸，在那之后，他的生命就开始流转在众多男人之间。

由于邢大并非是一个单纯的女性或是男性，处在各种人际关系里，"她"与"他"的界线便没有那么绝对。邢大后来被洪大领去家中奸宿，洪大照管他的日常开销，便也承诺要终身赡养他，一同生活。等到邢大 18 岁时，洪大认为他容貌俊俏，应该开始留长头发扮作女子模样。这样便可以纳娶她作为妻室，一起生活，避免旁人看破，惹出其他事端。从此以后，邢氏便在家中学做女红、针线活，改穿妇人的衣饰。事情一开始还算圆满，但洪大在嘉庆七年时患病吐血，难以养活邢氏，于是他便托张二为邢大做媒，另找人家婚嫁，这使得邢大的命运产生了巨大的改变。

邢大被洪氏谎称为寡妹，嫁给了刘六，还换得了银钱25吊。新婚时，邢大多方掩饰，张二竟然也没有察觉邢大的男儿身。口供中提及邢大平日打扮都是妇人衣饰，日久身形声音皆类，没有任何异样。但日子久了，刘六还是发现了邢大并非女儿身。故事的主人翁毕竟是真实人物，无法像李安导演的《喜宴》有个皆大欢喜的结局。为了生存，邢大百般向刘六哀求，愿意终生服侍刘六，并声称会看香治病，以此补贴日常家用。这一对另类的小夫妻也就勉强在无奈的际遇中生活。不过，步军统领衙门的官员在档案中也记录，邢大哄诱刘六，两人"夜夜奸好，并无一日分离"，也许这不平凡的夫妻生活，是平凡的官员们难以理解的吧。

邢大为了让刘六欢喜，便声称自己可以被狐仙附身，看香治病。四周的乡人就闻名而至。但邢大的公婆老刘与张氏，看到媳妇绘图供奉，以狐仙的名义为人治病，十分不安，并不依从。于是邢大开始疯言疯语，吓跑了自己的公婆。此后，邢大与刘六独自居住在孙河一带。

这样的日子，虽然不平凡，但也可以说是平静。邢大开始用香在病人头上转转，并给病人些姜藕、白糖当药，赚钱补贴家用，直到被当地的吏役访问拿获，才被官府结束了他16年男扮女装的生活。

邢氏的一生可以说是一连串的角色扮演，从男儿身到女儿身，由凡人到仙狐神怪，这是一个奇异的故事。他到底算不算同志，这样的情欲算不算同性之爱，我们已无从证实。但在非学术的文意里，我们愿意想象邢大在生命中曾经那样爱过，爱着他／她所经营的生活与家庭，这样的人生是真诚而炙烈的存在。

相对可笑的是，在衙门问罪求刑的过程中，步军统领衙门提到了"男扮女装，依律无罪可治"。邢大最后以"师巫假降邪神煽惑人民为首例"，处以绞刑。邢大的故事是那样的真实，却又带着异域般的想象。这是文字中的历史场景，也是古老的北京城里所发生过的平凡故事。只是在同志爱情的非凡故事之中，小人物面对命运作弄，也只能发出无奈叹息。

狐尾的崇拜：国家秩序与民间信仰的冲突

当讨论到清朝民间秘密宗教的特性时，档案不只提供了教派信徒的生命历程与人际网络的画卷，也清楚地描述出民间秘密宗教各式各样的仪式用具，也表达了官方对于特定仪式、法器与用具的关注。

例如嘉庆年间发生在直隶乐亭县地区的县民李芳出面控告"清静无为教"。清朝官方对于该案中宗教仪式用具之一的"狐尾"，就表现出了极大的关切，甚至让它成为官府特别注意的目标。透过李芳供词，我们得知"狐尾"是清静无为教的领导头目郎文峰平时用于动员与号令教众的象征信物。这一只"狐尾"在郎文峰身故后，由其子郎得福的母亲收藏起来。"狐尾"作为信物不只有象征本人的意义，更带有一种权力传承的内涵。

平日在乐亭县新立庄帮人占卜算命兼卖字画的李芳听闻此事，"本年六月二十六日，我到涿县石佛口地方闻得邪教王度、王殿魁等业已正法。有教匪头目已故郎文峰之弟郎文玉现已治罪。郎文峰之子郎得福现在家中，并未究审"。他便想到了"狐尾"。在听说这东西还存在后，基于担心郎得福将来拿"狐尾"滋事，他便积极地赶到石佛口店家住宿，四处探听查访。后来，李芳在当地寻觅到与郎文峰相熟识的本地民人温圣恩、涿县卫役王应之等人，查知确实后，便出面向官府举报。[2]

通过这件奏折的描述，我们可以了解"狐尾"在民间宗教的视角中，所呈现的是一种宗教权威的具体象征。本案最特别之处在于，控告者并不是官员，亦不是地保，而是一个民间秘密宗教的信仰者。李芳告发的理由怪异，依照李芳供称的原因，他是害怕"狐尾"作祟，造成日后滋事变乱。但若细想下来，这也是对于地方宗教领袖精英影响秩序，甚至可能引领民变，引起社会动员的一种侧面描写。

若是联结到前案朝阳门外崇信狐仙的王周氏被官方访获捉拿一事，再到直隶省乐亭县石佛口、新立庄，以及北京朝阳门外便成了一连串反映清朝官方与民间社群互动的实例。我们可以发现这不是一个个触犯禁止师巫邪术条例的案例和一群迷信愚昧的信众，而是串联在乾嘉时期民间秘密宗教的发展脉络下，案件与农村社群的背景出现了空间上的对应关系，而各种变动的因素相互影响，相互牵连，交织成丰富多样的民间宗教信仰世界。

传习民间秘密宗教的广大信众，并非全然不知事理的下里巴人，他们对于国家秩序也不全然持对立态度。而且民间信仰在内容形式上也多种多样，很难用一套标准来概括所有的教义和派别。民间秘密宗教的男女教首对于老百姓而言，代表的是各色各样的社会功能与意见领袖的角色，他们有时是医生，医治乡里的众人，有时候是某种心理咨询师，为无助的人提供一些来自宗教世界的支持与救赎。民间秘密宗教在地方社会中扮演的多样化职能，这几段史料所证明揭示的这些神秘性质的外表，其实是各个小人物的生命际遇。皇帝眼皮下的民间秘密宗教，不一定是叛乱，更多的是许多日常生活中的无奈、困顿与悲喜交集。

若是从民间精英与地方知识的体系来观察，官方档案中的邪教信众也并不单纯是叛乱者，更像是前近代农业社群中的医疗者、秩序维护者与地方领导者。这些历史中的无声众人一直存在，还有待我们努力去寻觅，去理解，去倾听。

延伸阅读

1. 马西沙、韩秉方著，《中国民间宗教史》，北京：中国社会科学出版社，2004。

2. 康笑菲（Xiaofei Kang）著，姚政志译，《狐仙》（译自：*The cult of the fox: power, gender, and popular religion in late imperial and modern China*），台北：博雅书屋，2009。

3. 欧大年（Daniel L. Overmyer）著，刘心勇等译，《中国民间宗教教派研究》，上海：上海古籍出版社，1993。

4. 焦戴维（David K. Jordan）、欧大年（Daniel L. Overmyer）合著，周育民译，宋光宇校读，《飞鸾：中国民间教派面面观》（译自：*The Flying Phoenix: Aspects of Chinese Sectarianism*），香港：香港中文大学出版社，2005。

5. 王尔敏，《明清社会文化生态》，台北：台湾商务印书馆，1997。

6. 孔复礼（Philip Kuhn），《叫魂：乾隆盛世的邪术大恐慌》，台北：时英，2000。

注释

1. 该件奏折的内文如下："事据总兼番役头目高铎，访得朝阳门外王家园地方民妇王周氏，供奉狐仙治病，见其躺卧指托过阴属实。并给有符咒，询系尼僧夏庆所给，当即会同朝阳汛把总苏鉴、东城坊役申明等，将王周氏夏庆拿获符咒木戳一块，连王周氏之夫王大一并解送来。奴才等详加讯据王周氏供我系大兴县回民周大之女，年四十九岁。我娘家在马驹桥居住。我十五岁时，得了疯病，梦中一妇人年约六十岁，身穿蓝绸衫斜披红袖自称'胡姑姑'，说给我治好病。叫我指他的名给人治病，我应许。是年，我父母将我嫁给回民于六为妻。胡姑姑教我过阴，治幼孩食积奶积，用针扎手指即愈。我画了胡姑姑像供奉。瞧病回来烧香上供，遇有难治病的病症，我烧了香，胡姑姑就来。我将病势告知他。说治得，我应许给治；说治不得，我回复不治。治好了病，也有来我家烧香上供的，也有谢给我银钱衣物的。胡姑姑每逢来时，先刮一阵红风。初一、十五，我用烧酒、鸡蛋上供胡姑姑。将鸡蛋、烧酒俱吃喝些去。我二十岁后曾过阴到马驹桥天齐庙做针线衣服桌围等物。近来不去有七八年了。嘉庆六年跟我男人于六来京在朝阳门外居住。我男人扛粮，我给人看病过度。八年间于六病故，我改嫁王大为妻。去年九月，我瞧病数日未回。王大疑我逃走，将我供的胡姑姑像烧毁。我回家知道也没有另供胡姑姑像。今年六月，有人请我去瞧疯病，我烧了香问胡姑姑，说治不得，各自打了几个嘴巴回家。我赴街坊尼僧夏庆家内闲走。见他供桌上放有黄纸印的符咒。我向他查问做什么用的，夏庆说患疯病的将符咒烧灰用水吞下即好。我随给了夏庆香钱数文，向他求了符咒一张，拏获的我并无别的邪术是实等语……"参见：台北故宫博物院藏，《军机处档·月折包》，编号：52030，嘉庆二十二年六月二十四日，步军统领英和等奏折录副。

2. 该件奏折中写道："……事据直隶省乐亭县民李芳首告教罪郎文峰之子郎得福家收藏邪教狐尾等情。奴才等详加讯问，据李芳供我系直隶永年府乐亭县人年四十五岁，在本县新立庄居住卖字画、占卜为生。本年六月二十六日，我到涞县石佛口地方闻得邪教王度、王殿魁等业已正法。有教匪头目已故郎文峰之弟郎文玉现已治罪。郎文峰之子郎得福现在家中，并未究审。我在石佛口店内住着，探听详访。有涞县卫役王应之、本地民人温圣恩皆与郎文峰相好。是有二十九日，我叫温圣恩带到郎得福家，照看郎得福没有在家。说上涞县去了，并未见面。我听得王应之、温圣恩，向我说已故郎文峰是清静无为邪教头目，他家有狐尾一根。将狐尾摇动，众教匪俱听他号令。现在仍在郎得福家，是郎得福的母亲收藏。并不在已正法的王度家，我听了这话，恐怕前（？）这狐尾，郎得福将来滋事，所以来京赴案首告的等语。查李芳所控石佛口王度、郎文玉等传习清静无为邪教业已正法。尚有已故教首之子郎得福并未治罪，该犯家中现在收藏邪教狐尾等情。"参见：台北故宫博物院藏，《军机处档·月折包》，（台北故宫博物院所藏），嘉庆朝（无年份登载），闰六月二十日，英和等奏折。

出入人口复杂的皇宫门禁

　　一般人印象中的紫禁城宫门，照理说应该是门禁森严，派重兵严密把守的政治中枢。在许多清宫戏里紫禁城门也总是由侍卫日夜严密把守，不容闲杂人等任意出入。但其实这些印象可能都只是片面化的理解，透过档案整理研究，我们发现宫廷门禁管理是另外一副光景。

　　宫殿因为常需要各种修缮整理，加上日常生活衣食所需，偌大的宫廷需要许多人力、物力支持才可能维持正常运作。而人一多起来，各种问题也就产生，甚至也常出现各种为便宜行事，引发许多问题的状况。有时是人手不足，会夹带外人进入宫廷。当时甚至还出现过宫中人在外面欠了高利贷，债主追讨银两钱文，追到禁宫门前的情况。总而言之，各种离奇的故事，其实就在一般人认为绝不可能发生的地方，一件又一件地发生。即便是皇帝也拿这些宫人没有办法，毕竟日常生活的各种物料采办、衣服织作等小事杂活，样样都离不开这些宫中人。

清朝法律条文中，虽有明文规定不得擅入禁城，"擅入紫禁城杖一百，加枷号一个月"，但实际上却时常发生违规任意出入宫禁的事情。因此，就产生了大量的历史记录，保存在档案文献中。

误入禁城：紫禁城的宫禁管理问题

出入禁城，按规定必须要有作为凭信的腰牌，但腰牌也偶有遗失的情况。乾隆四十五年三月初九，汉本堂曾为皂役遗失禁门腰牌一事，特有奏报。汉本堂辖下的皂役周亮，处理传抄公文时，一时事务紧急，行走之时不小心将他出入禁门的腰牌遗失了。虽然他接连数日四处寻找，但都没有寻获。为求慎重，汉本堂负责官员又再度询问周亮事情的详细经过，也确定了禁门腰牌遗失在外。后来，汉本堂皂役周亮被依例重责处罚，以示惩戒。[1] 通过档案中的记载，我们看到禁门腰牌若是遗失在外，事态非常严重，遗失的官员差役不仅要连日寻找，事后也会受责罚。

嘉庆八年三月时，四川道御史费锡章也曾对紫禁城的宫禁管理特有奏陈，认为应该添设腰牌，严格管理出入人等：

> 紫禁城内环卫森严，理应格外整齐。然舆夫匠役等任意往来，毫无顾忌，出入自如，非严密之道。应请添设腰牌以严出入，以资考查……

由此奏报中，可以见到紫禁城中多有舆夫、匠役出入。宫廷中修纂历朝国史的"国史馆"为了史书纂修工作，也聘有不少书手、纸匠在馆中服务，这些民间工匠出入，也需要随身携带"腰牌"，以备查证。

嘉庆年间也曾经发生守城兵丁私下借用腰牌的事件。

甚至，还发生了林爽文后代私自将宫廷膳单带至宫外的事件。涉案的两位林姓后嗣林表、林显在林爽文案获罪后，净身入宫担任太监，他们任职多年后私下与台湾亲友联系，并且私自将皇宫大内膳单、戏单带出宫外，交由亲友带回台湾。虽然这些清单在现代看来是极普通的文件，不是什么涉及机密的军情文书，但是在皇权至上的时代，这样的行为后果却极为严重。毕竟如果皇宫内的文书可以这样轻易地流出，那更重要的国家军机岂不是也有可能从宫中泄露出去？[2]

类似的宫廷门禁管理问题，不仅发生在紫禁城内。清朝皇帝时常游兴居住的圆明园，也在道光年间发生过太监在圆明园宫门外行为失序的事件，还有当值的宫人在园林宫门附近做起小买卖的奇特案例。《道光朝宫中档》便记载，道光二年十二月十八日的冬季，道光皇帝特颁旨意，命令总管内务府大臣严加查禁宫中太监私下在圆明园宫门外贩卖洋表等物，并且查禁太监在圆明园宫门左右近邻处开设茶馆一事。[3]

此外，诸多工匠出入皇宫禁城之际，人多手杂，也常发生盗窃案件。虽然嘉庆五年时，续纂律例内即有例文提及"偷窃大内及圆明园等处乘舆服物者，不分首从拟斩立决"，但也没有能够完全遏止此类事件的发生。

日后，内务府亦有咨文，商议此一例文适用的范围，是否应限于"御用器物"，还是要扩及大内与行宫器物。嘉庆十年间的内务府咨文是这样写的："查'乘舆服物'四字是否专指御用物件而言，抑或凡系大内及各处存贮供器物件，皆为御物之处。"刑部负责此事的官员商议的最终结果，最后也详载在《刑案汇览》里："例文'乘舆服物'四字，凡大内御用物件及存贮供器，皆在其内。遇有偷窃，应即依例援引。"也就是说明规定，凡是偷盗大内与行宫物品的人，皆处以斩立决，这或许可以视为是罚则的强化，希望以此应对宫廷中各种大大小小的失窃案件。[4]

但其实不仅紫禁城内廷的管理有问题，紫禁城周围北海一带的宫殿群中也有太监宫人偷盗的情况。乾隆二十九年九月下旬，二十九日前后，在邻近地安门的北海永安寺宫殿远帆阁处，发生了太监、苏拉、苑户等宫中人结伙盗窃宫内陈设玉器并将其变卖的失序案件。[5]

根据《内务府奏销档》内务府官员四格奏报的记载，北海琼华岛上永安寺的首领太监陈永德报告说，九月二十九日前后，他正带领太监、苑户打扫宫殿地面，收拾整理殿内陈设至后殿远帆阁。他也顺便往阁上查看了陈设对象的情况，这才发现远帆阁遗失玉器陈设七件。遗失的各种大小玉器陈设，包括了汉玉单螭觥一件、白玉夔龙水盛一件、汉玉夔龙笔架一件、白玉墨床一件、象牙箸瓶一件、炉上玛瑙顶一件、炉上玉顶一件，总计七件陈设。内务府获报后，立即询问了永安寺管理首领太监与相关人员。其中，副首领太监王朝选在口供中说明了自己管理永安寺门禁与钥匙的具体情况：

> 我系远帆阁副首领太监，其远帆阁钥匙，理宜我执掌才是。但因不时打扫收拾，所以即交该处太监王玉柱、刘文二人经管，其遗失陈设，我实不知情。至于该处钥匙交给他们二人承管，这就是我的不是了……

这一段口供中，我们看到永安寺副首领太监王朝选本来应该要负责管理门禁出入，但却为了日常打扫管理的一时方便，将钥匙托交给太监王玉柱和刘文保管。

在经过审讯后，太监王玉柱供出了偷盗宫中陈设变卖的细节。太监王玉柱在口供中说他与同伙苏拉定住，以及苑户路儿三人，趁着太监刘文被派往静安庄出差，伺机偷取了远帆阁钥匙并盗走玉器："我于八月二十七日，原同苏拉定住、苑户路儿商量要偷远帆阁的陈设。趁刘文没在家，我们到太监刘文的住处开了柜子上的锁，拿出钥匙到远帆阁开了楼门。我同苏拉定住上楼拿了玉笔筒一件……共七件交给定住、路儿拿去卖了……"

相关涉案人除了太监外，定住在永安寺宫殿中担任苏拉，负责闲散杂役打扫的工作，至于路儿，则是负责在永安寺中清理打扫杂务的苑户。由于两人平常便是来回出入永安寺宫殿，于是，他们就趁便将远帆阁的玉器偷带出宫，分成两次变卖。这一起案件是靠太监与宫中人们彼此串通，才将远帆阁中多件玉器陈设偷运出紫禁城，并在地安门附近的杂银铺商店出售，换取了现钱13吊。透过此案，我们多少可以看到宫禁管理的问题，以及宫中人平日生活的一些片断。

另一方面，除了值钱的玉器陈设外，宫廷官署也有发生盗取档案册籍的事件。嘉庆六七年间，兵部、吏部、礼部等官署都曾发生过档案册籍被偷盗的案件，在这些偷盗官署册籍案件的处理上，主要是援引"偷盗官署服物例"

作为罚则，来处罚相关涉案人员。[6]

但是相关的案件，屡禁屡罚，还是层出不穷。例如《刑案汇览载》即记录有一件嘉庆六年六月匠役郭四趁机偷盗养心殿排水沟渠内锡片工料的案件。《刑案汇览（三编）》"工匠偷窃养心殿天沟内旧锡"条下记载，工匠郭四趁便盗取养心殿排水沟渠拆卸下来的旧锡片工料，刑部原本拟刑依照"大内等处乘舆服物斩罪"，刑责裁量上略减一等，判以杖责100下，流放3000里。

嘉庆皇帝认为匠人郭四毕竟只是"趁便攫取"，行为上和直接偷盗养心殿内事物有所区别，因此特在上谕中指示，再裁量给予从宽量刑，改为杖责100，流放2000里。另外匠人郭四应加罚戴上枷号一个月，并在神武门外工匠时常往来的地方枷号示众，让工匠人等都能够有所警惕。正所谓死罪可免，活罪难逃，郭四成了展示宫廷禁规的教材样板。嘉庆帝还在上谕中指示，务必要对在宫中应差的工匠人等多加教育，使其知晓若在宫中大内偷窃，不分首从，一律依例判以斩决。嘉庆皇帝强调，若再有类似事件发生，一经发觉，必定依法治罪，绝不宽减刑责。[7]

嘉庆十八年天理教攻入紫禁城的事件，让嘉庆帝对于禁城门禁更加重视。他曾经谕示紫禁城守门官兵，每日须于每门安排东三省官兵数人。东三省官兵也就是满洲兵丁，也就是说嘉庆皇帝特别指示较为亲信的兵丁，负责担任禁宫守卫，保障紫禁城的门禁安全。[8] 这里也可以看到清代政治文化中的一种有趣现象："权力的毛细管作用"无所不在，政治认同上的隔阂也一直存在，特别是危机事件之后的特殊状态下，我者与他者间的界线，突然之间也就明显了。[9]

宫门禁地不得喧嚷的相关案件

道光十二年时，发生了旗人擅入紫禁城门，企图寻找亲人借赁金钱，出门之际被守门兵丁阻挡后，喧嚷闹事的案件。当时的情况，根据景运门大臣奏报指出，涉案的革退护军松义善主要是因为母亲患病，缺钱医治，便私自擅入禁城宫门，寻找其族侄札清阿，想向札清阿借贷金钱。其后，松义善由于未遇族侄亲人，又图就近便利，想走快捷方式，于是试图由隆宗门处走出。隆宗门附近便是宫中侍卫值宿处，松义善自然躲不过侍卫的捕捉。松义善被捕后，因其擅入禁地吵闹喧嚷，故从重治罪，加重处罚，依照"擅入紫禁城杖一百律"，处以杖刑100下。另外，因为加重责罚，又加上枷号一个月。[10]

紫禁城宫门管理对于皇帝相当重要，自然也会成为官员入宫参加评比考试的必问问题。每逢京中"大考翰詹"之时（清代会定期对翰林、詹事等官员进行诗文考试，称之为"大考翰詹"，大约每隔六年至十年举行一次。由钦派大臣阅卷，并评定名次。皇帝并会亲自批览试卷，以此考核官员），凡是翰林出身的官员会齐至宫中考试。道光二年四月初十，便曾有应试翰林院中任职的侍讲戚人镜，以及陈玉铭等官员不守秩序，众人在宫门还没有开的时候，便在宫门门檐喧闹，甚至在台阶上坐下，[11]这类失序行为，被认为严重违犯宫禁。身为内廷行走的官员还不知道遵守规矩，也被认为有失法度，不成体统。侍讲戚人镜甚至在遭侍卫拦阻后与侍卫发生了言语冲突。两人因此被捕，后来陈玉铭在供词中承认自己没有等候唱名，便自行走上宫门台阶。而后陈玉铭又被查出参加考试的时候，身上还带着诗文小抄，明显有作弊的情况，罪加一条。最后，戚人镜奉谕旨交部严议处罚，而陈玉铭被革职，并交由刑部照例治罪。[12]

类似情况其实并不少见，道光皇帝为了申严宫禁，让官员们有所警惕，还特别于道光二年四月十三日有所谕示："嗣后勿论文武各人员，遇有宫廷禁地不遵管束，任意喧嚷者，经该管亲王大臣参奏，朕必立将其人拿交刑部，按律治罪……"连管理宫禁秩序的亲王大臣，以及负责在第一线宫门前执行管理约束勤务的侍卫、章京等官员，若是"疏于约束"，或是"徇隐不奏"，一旦被发觉，都必定重惩。[13]

穿透禁门重地的宫廷文化风尚

管理物质层面人员的流动容易，可以有明确的法规条文，只需要考虑在执行层面上有没有偷懒因循的习惯。但是风气时尚的流动与传播，却是难以用宫门阻挡得了的。正所谓"上有所好，下必从之"，紫禁城的服饰风尚与宫廷文化，总是可以穿透高耸厚重的宫墙，潜移默化，传向庶民百姓日常生活。

乾隆三十七年十二月严冬时分，巡视南城御史臣胡翘元便观察到了庶民百姓对于清朝宫廷服饰中貂裘、细皮、贡缎等材质的模仿袭用。北京城中的铺户商家为了迎合社会上各阶层顾客们想模仿官家显贵衣饰风格的喜好，因而想方设法在冬帽皮檐、貂帽与貂皮裘服的造型设计上变出新花样。

御史胡翘元认为，衣装服饰应该像乾隆皇帝上谕曾说过的，衣冠不可以轻言改易变换。但是，近年京城市面的衣着样式，却有了极大的变化。例如冬帽皮檐的尺寸上，数年以前不过只有二寸之高，但是近来却有裁制成五六寸以上的新样式。即便是士大夫等官人家，也是"随时屡变""竞尚时趋"，而且低阶行政人员、胥吏、商人等，也都开始时兴穿着"细皮贡缎"。甚至，就连仆隶，以及官员身旁协助处理杂务琐事的长随等身份低微的人，也偷偷穿着"染黑川鼠皮衣"，来混充貂皮裘衣的样子。伶优等表演工作者也有混用"貂帽"，穿着光鲜，行走在京城街市的情况。档案呈现出一位御史对于风俗世道的担忧挂虑，但同时，我们也看到了宫廷中时兴的貂皮衣饰如何向京城百姓的服装产生一种扩散式的文化影响。这一种时兴新样的感受，竞相慕效的情况，恰似风潮深入人心，无形无状之中，却又如此具体，如此真实。[14]

　　总体来看，透过上述案件，我们能大概理解，清代宫门禁卫是否森严，很难用现代人的眼光加以评断。但只要是有人的地方，就一定会有各式各样的问题。人生在世，就是这样的不容易，人心之中就是有这样多的情绪，这样多的烦恼与迷惘，交织成了生命中的悲欢喜乐。无论是在宫墙内还是宫墙外，其实都有许多不为人知的故事，以及生活的点点滴滴。各种人生际遇的细节篇章也都围绕在这个古老的紫禁城周围，久久不去，并在档案文字间留下了一些细微的线索。除了帝王将相的伟大事迹之外，金銮殿旁张罗着各种日常生活的贩夫走卒、宫女太监、守门兵丁等，这些不被正史记载，多半在历史中没有留下文字话语的无声众人其实也不断地在创造历史，留下他们生命的足迹。

延伸阅读

1.（清）祝庆祺，《刑案汇览·三编》，北京：北京古籍出版社，2004。

2.王汎森，《权力的毛细管作用：清代的思想、学术与心态》，台北：联经出版，2014。

3.单士元，《故宫史话》，北京：新世界出版社，2004。

4.单士元著，单嘉玖、李燮平整理，《明北京宫苑图考》，北京：紫禁城出版社，2009。

5.刘铮云主编，《明清档案文书》，台北：台湾政治大学人文中心，2012。

6.张显清、林金树等著，《明代政治史》，桂林：广西师范大学出版社，2003。

注释

1.《史语所藏明清内阁大库档案》关于这起事件的记载中写道:"本堂皂役周亮,因传抄紧急,行走慌张,将原领出入禁门腰牌遗失。连寻数日,并无踪影。本堂复加询问,委系遗失。除将该皂役重责示惩外,相应移付典籍厅查照办理。"参见:《史语所藏明清内阁大库档案》,文献编号:158673-001,乾隆四十五年三月初九,汉本堂为皂役遗失禁门腰牌事。

2. 参见:《刑案汇览》内所载"交结近侍官员·缘坐逆犯充当太监夤缘滋弊"一案。

3. 参见: 台北故宫博物院藏,《道光朝宫中档》,文献编号:405011120,道光二年十二月十八日。

4. 参见:《刑案汇览(三编)》,"盗内府财物·偷窃乘舆服物供器等件"。

5. "苏拉"即满语中的"sula",意思是无业闲散之人,特别指的是没有官职的旗人。十七世纪末期开始,苏拉也用来指称一些领有微薄薪俸的职位,多半在宫廷与官署中担任各种杂役。"苑户"负责看守维护皇家园苑,以及处理各种相关琐务杂役。参见:羽田亨,《满和辞典》,387、469 页。

6. 参见:《刑案汇览》,"礼部皂隶之子偷祀祭司稿件"。

7. 参见:《刑案汇览(三编)》,第一册,"工匠偷窃养心殿

紫禁城里很有事

天沟内旧锡"，450–451 页。台北故宫博物院藏，《嘉庆朝上谕档·六年六月夏季文件》，亦有相关记载。

8. 参见：《史语所藏明清内阁大库档案》，文献编号：243490-001。

9. 关于清代政治中的"权力的毛细管作用"现象，有兴趣的朋友可以参考王汎森院士的研究专著《权力的毛细管作用：清代的思想、学术与心态》的讨论。特别可以参看第七章"从曾静案看十八世纪前期的社会心态"，以及第八章"权力的毛细管作用——清代文献中的自我压抑现象"。

10. 该条记载详细内容如下："景运门大臣奏送：已退护军松义善因伊母患病，乏钱医治，辄敢擅入紫禁城门，找伊族侄札清阿借贷，已属违禁。嗣因未遇转回，复希图近便，欲由隆宗门行走，经富太等拦阻，该犯胆敢不服，向其喧嚷。虽讯明该犯甫上台阶，尚未走至门限（按：系指宫禁相关规定，即以宫门为界限），惟既擅入禁地吵嚷，自应从复位拟。松义善应照擅入紫禁城杖一百律，加枷号一个月……"参见：《刑案汇览》，"宫殿门擅入·擅入禁门被阻喧嚷"。

11. "侍讲"，明清两代的官职之一，品级为从四品，任职在翰林院中，负责处理奏章文书，勘对公文，以及文史编修等工作。

12. 参见：《刑案汇览》，册一，"赴考试差宫门未启辄行喧嚷"。

13. 参见:《刑案汇览》, 册一, "赴考试差官门未启辄行喧嚷"。

14. 档案文献的记录如下:"臣恭读上谕, 衣冠不可轻言改易。圣训煌煌, 可以垂法为万世。第思冠服所以章身, 亦取其便体, 近见铺户冠制, 喜传新样。如冬帽皮檐, 前数年高止二寸, 近有高至五、六寸者, 随时屡变, 虽士大夫家, 亦乐竞尚时趋。京师为首善之地, 新样流传, 转相慕效, 而小民厌常喜新, 恐开服式不衷之渐。一冠之为费甚微, 然靡耗物力即易, 启奢之端。再者三品以上官, 许得穿用貂服。臣窃见京员五品、外官四品, 俱亦僭用貂裘; 胥吏、商贾人等俱穿细皮贡缎; 仆隶、长随亦反穿染黑川鼠皮衣, 混拟貂色; 伶优亦带貂帽, 鲜衣垂马, 坐后挡车, 其弊恐至于上下等威, 混淆莫辨。际兹国家丰亨豫大之时, 正宜各敦节俭, 以厚风俗, 长保盈宁, 岂可任其靡费无节, 冒滥冠裳……"参见: 台北故宫博物院藏,《军机处档·月折包》, 文件影像编号: 18903, 乾隆三十七年十二月十二日。

第七章
紫禁城守门兵丁的人生苦恼

　　皇家护卫看似威风凛凛，但护卫紫禁城的工作其实并不是如我们所想象的总是威风凛凛。年复一年，日复一日，处在宫门口过着一成不变的生活，内心不免有着莫大的孤单与寂寞。在孤寂的情绪里，不论我们或是以前的人们都难免不由自主地迷乱失序。紫禁城建筑庄严雄伟，华丽万分，值卫禁枢不是一件容易的事。各种突发事件众多，把守并不容易。心情寂寞加上工作辛苦繁重，神智昏乱、投水、自刃伤害，或常见的酒后斗殴都屡屡在守卫兵丁身上发生。

紫禁城里的"值宿房"

紫禁城侍卫们平时值班的"值宿房"位置在乾清门的外西侧，内右门以西，隆宗门内北侧，坐北向南的庐房面阔十二间，进深两间。后来军机处成立，其中又设有了军机大臣的"值房"。自东向西分别为：侍卫值宿房（东四间）、军机处大臣值房（中四间）、内务府大臣办事处（西四间）。清代王昶的《军机处题名记》中便曾记载有关军机处的相关位置，提及了军机处设于乾清门内。另外，清人王昶还在《军机处题名记》中写到，夜晚在宫廷禁枢值班的军机章京是在隆宗门西侧的值房中食宿与值夜。

守卫宫门不容易：从养育兵混入午门自伤告状案谈起

紫禁城宫门前如果发生突发事件，主管官员与守卫兵丁都有相应的责任，因此必须严加管理，守护宫禁安全。但是突发事件常常出乎意料之外，例如《军机处档·月折包》[1]中便记载了一起发生在午门内的特殊案件。清同治十二年七月十六日，负责把守宫廷门禁的护军统领兴林等人奏报，镶白旗蒙古桂荣佐领辖下的养育兵连喜，在七月十三日清晨趁机混入紫禁城西华门内。养育兵连喜混进午门内一带后，突然拿刀抹伤自己，试图在午门前寻死，希望借此向官府衙门呈控亲人遭奸人逼债而死的冤情。[2]

镶白旗养育兵连喜自残抹伤失败后，便在午门被宫中侍卫逮捕，在审讯过程中，他详细地供出为什么要趁机混入宫中，以及抹伤自己的原因。原来连喜的弟弟松安因为替人作保，涉入了债务纠纷，并被债主四处逼债。[3]后来，松安在无路可走的情况下自缢身亡。连喜觉得弟弟冤死，想要报仇，便携带呈告状纸，趁着清晨时分，偷偷混入西华门，试图由此处进入宫中，然后在午门内自行抹伤。

整起事件落幕后，连喜被发交刑部审讯治罪。至于连喜状纸上提到的无良债主匪棍张三、青腿子张阎王、白毛李三、李大、李二、小霸王高五、沈大、王三、郑二等多人，也都交由步军统领衙门捉拿归案，交由刑部审理治罪。根据《清实录》[4]与《军机处档·月折包》的记载，当时把守西华门的前锋统领、护军统领，以及值班侍卫兵丁，也都受到了究责处罚。同治皇帝针对此事特有上谕，指示前锋统领、护军统领务必严格管理宫禁，督导宫中各门值班官兵认真巡察。若再有此类事件，即从严查办。[5]

总体而言，紫禁城的侍卫是由内务府从上三旗镶黄旗、正黄旗、正白旗中选出，由领侍卫内大臣六人（镶黄旗、正黄旗、正白旗各二人）统领，分成内、外两班宿卫。内班宿守乾清门、内右门、神武门、宁寿门等处，多用满人。外班宿守太和门等外朝处所，兼用满、蒙旗人。

紫禁城宫门守卫是依照轮替交班进行，具体章程办法非常详细，每次值班三日，第三日的辰时（早晨七点至九点）进行换班。紫禁城外的大清门、天安门、正阳门等三门，由下五旗章京一人，护军校二人、副护军校二人、护军十六名把守，依照看守紫禁城之例，进行轮值换班。

宫门禁卫交班轮替的时候，需由值班章京率领护军前往接班，这是为了避免守卫兵丁间产生误会发生事端。例如，乾隆三十年九月前后，便曾经发生过交班不慎而产生的意外。大学士傅恒奏报，紫禁城进班官员正黄旗前锋参领噶他布因为没有按照惯例率领护军一同前往轮替，致使部下与守卫护军德明等人发生纠纷。此一事件虽是误会，但章京交班没有依例带领交班，众人出入混乱才会引发纠纷事端，甚至护军德明在事件中还动刀持械。宫门之前，险些就生出不测之事。[6]

宫中侍卫的各种失序行为：喧嚷、酒醉、图赖

除了偶发事件外，宫门值班兵士之间也时常有口角冲突发生。多数的事件起因是一时气愤难平，斗殴伤人，但也有自残身体，企图诬告对方的情况。例如《刑案汇览（三编）》"宫内忿争·西安门内因病自行刃伤"便记载了一起相关事件。这起事件发生在嘉庆二十五年前后，护军倭克精额平时即患有气逆心迷病症（应该类似现代的情绪失常，歇斯底里的症状），当时他正在西安门内的景山围墙

外值班，不巧同梯值班的护军舒明哲觉得倭克精额当天饭菜做得不好，随口责骂了倭克精额几句。倭克精额一时气愤难平，使得心迷病发作，于是自残抹伤。再加上景山一带为清朝皇帝用于祭祀敬祖与相关宗教仪式进行的"观德殿"，事关重大。护军倭克精额因此依照"违制律"，予以加重处罚，处以杖刑 100 下的责罚。[7]

　　类似的事件并不少见，例如嘉庆二十二年，紫禁城内箭亭的值班护军乌勒希春在值班中趁着购买物品的空档机会，偷偷开小差，跑去喝酒买醉。当其回到值班处所后，乌勒希春酒醉失态，行为失控，并在值卫处所高声嚷骂。同处当班的护军同僚看到他举止失当，便向管理参领报告这件事。醉酒闯祸后的乌勒希春因为怕上司责罚，便突发奇想，自己动手砸破茶碗，划伤身体，企图诬赖同班护军兵丁。官方事后究责，在档案文书中认为此事是一件"图赖"事件。乌勒希春只是"希图诬赖"，将自己的过错转移焦点，诬赖给同班弟兄们。因此，官方便依照"紫禁城内金刃自伤拟流例"的处罚规定，将乌勒希春处以流放的刑责，并酌量略为减刑一等，改判以杖刑 100 下，徒刑 3 年。这事件除了留下有趣的历史记录外，在嫌犯的名字上也有个趣味:"乌勒希春"是个满语名字,满语的拼音转写是"ulhicun",意思是"聪智""灵性""有悟性"。但是护军乌勒希春却没有"人如其名",没长什么聪明才智,有的只是开小差,还有诬赖同班弟兄的小聪明而已。[8]

护军乌勒希春虽为旗人但因为在宫廷禁地值班处所行为失控,酒醉喧闹,因此不能任意减轻刑责。嘉庆皇帝获知此事后,更下旨加重处罚,处以枷号一个月的责罚。另外,待徒刑的刑期服满后,再将乌勒希春发往青州府驻防八旗当差,作为后续的处罚。[9]

值班侍卫开小差,私下出外饮酒,可以说是犯了大忌,即便在现代社会也是触犯军法的严重违纪事件。因此,嘉庆皇帝在律例罚则外,特别指示要对乌勒希春加重处罚,这也是为了整肃风纪,而不得不为的做法。

此外,道光十一年前后,当时官方传播消息的《邸抄》中也有记录景运门值班大臣奏报一件"图赖"案件。景运门前有革职旗人前锋德楞额,因为"误差旷班"(上班常迟到)被他的长官管委侍卫达隆阿褫革开除,报为逃兵。失业后的德楞额陷入贫苦,穷极无聊,正巧在神武门外看到一人貌似他认为害苦了自己的长官达隆阿,于是一时气愤难平，追了上去。不巧，这个人正好走进屋内，德楞额没能追到。难耐愤怒的德楞额索性便将神武门前的一杆长枪，用力扳折损坏，想要将这项过失诬赖嫁祸到上司达隆阿身上。[10]

护军德楞额在神武门前扳坏的"长枪"，即是"长把扎枪"，满语则是写为"gida"。[11] "长把札枪"本来是如往常一般安设在宫门前，却因为德楞额一时糊涂，引出了这场风波。而这个毁损神武门前长枪的乌龙事件，也让德楞额吃足了苦头。神武门为禁门重地，警卫严谨，德楞额胆敢将此处安设的长枪扳折损坏，依照"拆毁申明亭中板榜拟流律"条例，应予以加重处罚，发配到边地充军。德楞额原来享有一定特权的旗人身份也因此事而被予以革除，被判以"销除旗档"，改照一般庶民的身份发配安置。至于那一杆被德楞额损坏的长枪，则交给武备院修理了。

类似涉及旗人在宫禁重地前行为失序的案件，被官府究责处罚的并不少见，例如在《刑案汇览（三编）》"造办处步甲用磁盘伤人"也记载了一份提督咨文，概要提及嘉庆二十五年发生在紫禁城西华门内造办处的值班步甲兵丁伤人一事。宫中修造各类御用日常生活用品、佩戴饰品、赏玩瓷器、大小家具器物、兵器械甲，甚至各类杂项的地方称为"造办处"（官署名称的满语写为"weilrere arara ba"，是由制造、修造的动词"weilrembi"延伸词意而来）。平常多半是宫人太监与各类工匠来来往往，忙于工艺造作的造办处本该是平静无事忙于器物制作的，却在嘉庆年间发生了一起奇怪的斗殴伤人案件。

当时守卫此处宫门的旗籍步军甲士广福不知为何，一时气愤，突然随手将造办处附近的瓷器碎片当成武器，划伤了一同守门的同僚萨凌阿。由于事件发生在禁城重地，涉案人广福便依照"紫禁城内各处当差人等用他物殴人者，杖一百，流三千里，枷号三个月"的规例办理。但因为广福身为旗人，因此流罪3000里的罚责可以略有折抵，改罚戴上枷号5个月，作为处罚。此外，案件中的另一位事主萨凌阿也被责罚，依照"不应为律"的条例，处以杖刑80下，加上枷号1个月。[12]

紫禁城里的口角纠纷与斗殴案件

紫禁城中起因于彼此口角而发生的斗殴案件，也不乏记录，例如《刑案汇览（三编）》"宫内忿争·昭德门护军互殴"就有相关记载：

> 护军统领奏：护军赛沙布与护军海昌同在昭德门该班，赛沙布因闻该管值班大臣查差，误将海昌纬帽戴上，因被海昌讨取詈骂，将海昌殴伤。赛沙布应革去护军，依常人在紫禁城内斗殴手足伤人例拟流，系旗人，发驻防当差，仍先加枷号。海昌并不善为讨取，辄向詈骂，迨被赛沙布殴打，亦复用拳回殴，虽验明赛沙布尚无被殴伤痕，未便以殴人不成伤拟笞海昌，应照违制律杖一百，加枷号一个月……[13]

该条史料文献记录了嘉庆二十五年，管理昭德门宫禁的值班大臣正在查勤时，值班的护军赛沙布一时失察，手忙脚乱中，误戴了同时值班护军海昌的"纬帽"。所谓的"纬帽"，是一种以红丝线帽缨装饰的冬季暖帽。护军海昌发觉帽子被戴后，便向赛沙布索回"纬帽"，两人因此起了口角纠纷，后来甚至出拳斗殴。[14]

官方在事后追究，验明涉案双方的受伤情况后，赛沙布被革除了护军职务，依照"紫禁城内斗殴手足伤人例"，判以流刑。不过由于赛沙布隶属旗籍，因此先戴上枷号，再发往地方上的驻防八旗处当差。护军海昌虽被殴伤，可以说是事件中的被害人，但是因为他出言辱骂赛沙布，而且还用拳殴打对方，因此也被处以责罚，依照"违制律"，判杖刑100下，枷号1个月。

整体来说，发生在紫禁城宫门附近的斗殴事件大小不一，除了上述案件外，也有起因于值班侍卫们酒醉吵闹发生的纠纷。例如嘉庆二十二年元月十七日，奉派在"西南门"管门差使的三等侍卫长达灵阿不服宫门出入时间的管理，竟在紫禁城内醉酒吵骂，还和副参领爱隆阿斗殴扭打，撕破衣服。这一件案子中，达灵阿犯行重大，虽没将副参领爱隆阿殴打成伤，但仍将他比照"圆明园大宫门等门以外手足伤人例"，处以杖刑100，徒刑3年，并且从重议罪，将达灵阿发往新疆伊犁当差。也由于他的旗人身份，因此达灵阿先行枷号，待其3年刑期期满，即日发配。[15]

从上述各种记载中，我们可以看到宫中守卫的人生片羽，心中无奈之余，各自有自己的寂寞辛苦，不时醉酒吵闹纠纷，都反映出了侍卫兵士的辛苦与不稳定的生活和情绪。也正因此，清朝皇帝对于紫禁城守卫兵士们的待遇，都特别留意。嘉庆皇帝在天理教乱事平定后不久，便颁有旨意，希望在饮食上提高紫禁城内各门侍卫兵丁的条件与待遇。嘉庆帝特别命令前锋统领和护军统领等，详细妥议相关的章程办法。希望在一日两餐的伙食供应上，可以酌量调剂，提高侍卫兵丁的生活待遇。[16]

北京夏季炎热，而冬季霜雪苦寒，四季分明的生活条件下，值班宿卫本来就不是一件容易的差事。正所谓"养兵千日，用兵一时"，天理教攻入紫禁城的大乱变故才刚刚平定，嘉庆皇帝提高兵士待遇，也是相当合情合理的事。

守卫宫廷的侍卫人生，虽有不少的无奈与辛苦，也偶有糊涂开小差的状况与各种失序行为的日常插曲，但是细想一下，职场中的小人物不也是如此，希望能够在日复一日的工作中略略找到一些小确幸，盼望能一解心中的烦闷气恼。不过，对于清朝皇帝而言，这一些失职又偷懒，值班却又醉酒的侍卫护军兵士，多少也还是有一些让人觉得靠不住的感觉吧。

延伸阅读

1. 欧立德（Mark C. Elliott）著；青石译；《皇帝亦凡人：乾隆·世界史中的满洲皇帝》（译自：Emperor Qianlong: Son of Heaven, Man of the World）。新北市新店区：八旗文化出版，远足文化发行，2015。

2. 罗友枝（Evelyn Rawski）；周卫平译；雷颐审校；《清代宫廷社会史》（译自：The Last Emperors: A Social History of Qing Imperial Institutions）。北京：中国人民大学出版社，2009。

3. 单士元；《故宫史话》。北京：新世界出版社，2004。

4. 清代宫史研究会编；《清代宫史探微：第一届清代宫史学术讨论会论文集》。紫禁城出版社，1991。

5. 秦国经；《明清档案学》。北京：学苑出版社，2005。

注释

1. 清朝皇帝对于官员所奏事件不能独断时，便召见军机大臣面议，或交付审议。这些经过军机大臣办理的奏折，均抄录有副本，并妥为保存，称为"军机处奏折录副"。因为这些奏折档案原是按月捆扎成包，故又称为"月折包"。"月折包"内除保存有奏折录副外，另有原折的各种附件，例如：雨水粮价列表、各地收成列表、地图、河工图、供单、咨呈、咨会、谕旨、揭帖、照会等等各类清代官方文书。相关说明可参见：秦国经，《明清档案学》，北京：学苑出版社，2005。

2. "午门"在满语中对译为"julergi dulimbai duka"，"julergi"意指为"南方的"与"前方的"，"dulimbai"意指为"中间的"，"duka"则是指宫门。透过满语词汇，我们便能知晓"午门"即位于南方的中间宫门之意，呈现出了很具体的空间方位的感受，而这一起养育兵混入紫禁城内的离奇案件便发生在午门之内。参见：羽田亨，《满和辞典》；安双成等编著，《汉满大辞典》。

3. 档案记载所提的"养育兵"，满语写作："hūwašabure cooha"，其中"hūwašabure"一词由满语中"使其有所成就""使其成育"的动词"hūwašabumbi"而来。因此，"养育兵"系指养育无职的年轻人，并且免去其赋役杂差，支给一

紫禁城里很有事

定薪饷，使其接受军事训练养成的一种兵丁成员。参见：羽田亨，《满和辞典》，222 页；安双成等编著，《汉满大辞典》，1226 页。

4.《清实录》是清代历朝的官修编年体史料汇编，共 4484 卷，内容上主要是选录各时期上谕和奏疏，举凡皇帝的起居、祭祀，巡幸等活动亦多载入。各朝实录记事主要包括了政治、经济、文化、军事、外交及自然现象等众多方面的内容。按照清朝的典章制度，每当新皇帝继位，即诏修前朝实录，开设实录馆，由钦派大臣任监修、总裁官、翰林院官员充任纂修。史官们根据起居注，以及内阁、军机处所存上谕、臣工本章等源文件编纂前朝实录，书成闭馆。参见：冯尔康，《清史史料学》，台北：台湾商务印书馆，1993。

5. 参见：台北故宫博物院藏，《军机处档·月折包》，文献编号：110745，同治十二年七月十六日，奏为养育兵连喜午门自行抹伤请究办。

6. 参见:《史语所藏明清内阁大库档案》，文献编号：217275-001，乾隆三十年九月，兵部为护军动刀杀人接班之章京交议由。

7. 相关文献记载："景山值班大臣咨送:'护军倭克精额素有气逆心迷病症，在西安门内景山围墙以外值班，因同班护军舒明哲嗔伊造饭不好，出言斥责，气忿病发，自行抹伤。按平时在该处犯事照常例止杖八十，惟现在景山系切近观德殿，较常尤为应严，应酌照违制律，杖一百'。"参见：《刑案汇览（三编）》"官内忿争·西安门内因病自行刃伤"。

8. 参见：羽田亨，《满和辞典》，448 页。

9. 相关档案文献原始内容如下："护军乌勒希春在紫禁城内箭亭该班。该犯辄因买物之便在外沽饮，回至该班处所恃醉嚷骂。复因同班护军往禀该管参领，辄敢砸碎茶碗，自行划伤，冀图诬赖。应比照当差人役在紫禁城内金刃自伤拟流例，量减一等，杖一百，徒三年。惟在禁地该班处所倚醉嚷闹，未便折枷，致滋轻纵。应从重发驻防当差。奉旨：着枷号一个月，满日发青州驻防当差。钦此。"参见：《刑案汇览（三编）》，册二，"官内忿争·箭亭护军故自伤残图赖"。

10. 相关档案文献原始内容如下："景运门值班大臣奏德楞额扳折长枪一案。查已革前锋德楞额先因误差旷班，被本管委侍卫达隆阿褫革报逃，嗣因贫苦无聊，适于神武门外见一人在前行走，误认系达隆阿。该犯触起前嫌，欲向不依，因其走进屋内，未经追及，辄将神武门外长枪扳折，欲向图赖。查神武门系禁门重地，警卫綦严，该犯胆敢扳折安设长枪，若仅照寻常扳毁枪架之案比例拟流，殊不足以昭炯戒。德楞额应于扳毁申明亭中板榜拟流律，加重发近边充军，业已销除旗档，应照民人发配，折责安置。扳折长枪已据该大臣咨送武备院修理，亦毋庸议。"参见:《刑案汇览（三编）》，第三册，"旗人挟嫌扳折禁门长枪图赖"。

11. 参见：羽田亨，《满和辞典》，165 页；安双成等编著，《汉满大辞典》，104 页。

12. 原始的记载内文如下："步甲广福在西华门内造办处该班，系属禁城重地，用瓷片将萨凌阿殴伤。应照紫禁城内各处当差人等他物殴人者，杖一百，流三千里，枷号三个月。系旗人，流罪折枷，共枷号五个月。萨凌阿照不应重律，杖八十，加枷号一个月。"参见:《刑案汇览（三编）》"造办处步甲用磁盘伤人"。

13. 参见:《刑案汇览》，册二，"宫内忿争·昭德门护军互殴"，1378–1379 页。

14. 所谓的"纬帽"，满语对译写为"subeliyen sorson i mahala"，也就是使用红丝线制作帽缨的冬季暖帽。参见：羽田亨，《满和辞典》，383 页；安双成等编著，《汉满大辞典》，1082 页。

15. 该则案件在《刑案汇览》中的详细记载如下:"侍卫达灵阿奉派充当西南门管门差使，辄于不应进内之时，不服拦阻，倚醉吵骂，将副参领揪扭撕破衣服，尚未成伤。应将达灵阿比照在圆明园大宫门等门以外手足伤人例，杖一百，徒三年。从重发往伊犁当差。仍先行枷号，满日发配……"相关文献出处参见:《刑案汇览（三编）》，册二，"宫内忿争·西南门侍卫揪殴副参领"。

16. 相关文献出处参见:《史语所藏明清内阁大库档案》，文献编号:224446-001，道光二年四月二十九日，厢蓝旗护军统领处为咨覆事。

紫禁城里很有事

第八章
百里加急，皇命必达：
驿递差役的马上人生

辛苦的驿递马夫：从公文报匣遗失案件谈起

清朝驿递公文主要是将题本、奏折等文书装在"报匣""折匣"，以及"本箱"中寄送。这些装载重要皇命的文件，需要依赖驿站与马匹运送，递寄朝廷重要旨意。由于涉及军国大事，往往事关重大，时间紧急，而且不容发生任何意外。但俗话说的好，行船走马三分险。驿递马夫们在传达军情文书的过程中，往往发生不少小插曲，当然，还有更多动人的故事。

《史语所藏明清内阁大库档案》中就记载了许多起驿递马夫在递寄军机文书的过程里，不慎发生遗失公文报匣、折匣、本箱的事件。这些事件中有的是马匹半途受到惊吓使公文报匣跌落受损，有的是渡江过河的意外，使奏折、本箱掉入江河滚水中。这些情况使得清朝官方时常得修整维护本箱、报匣，避免递寄的文书潮湿霉损。

　　本箱、报匣或折匣若是递寄上有所迟误，相关负责的官员、马夫和弁员等，都会交部议处，依例处罚。根据《乾隆朝宫中档》记载，乾隆四十三年十月浙江巡抚王亶望的奏报中就有本箱掉落水中，潮湿受损，失职人员受到处罚的案件。这个案件中不只负责运送的驿递人员们受到处罚，连负责监运的建德县令伍光绂也被究责，一并遭受处罚。[1]乾隆三十二年三月，兵部尚书陆宗楷也向朝廷呈报负责处理驿递的司员迟误本箱递寄，颇为失职，奏请朝廷严加查议，进行处分。[2]

　　在道光、咸丰年间的相关记录中常可看到各地官员报告本箱霉损，致使驿递延误，或是道光与咸丰皇帝要求官员特别针对此事商议，再另行奏报，或是究责处分的记录。不只盛世如此，时至晚清，光绪年间在各种内外纷扰的情况下，清朝官方依然相当重视本箱的驿递管理。例如光绪二十七年十月二十八日，便有奏折特别呈报本箱因为战事激烈，不慎意外遗失。[3]整体而论，递寄公文总是会有许多波折与意外，即便官员与马夫多方注意，驿递沿途总还是会有一些大大小小的意外情况发生。

清代的"报匣""折匣"与"本箱"

此处所谓的"报匣""折匣"，以及"本箱"，指的是清代运用驿站呈报寄递公文书信的木质匣子，以及递寄奏折时专用的特制"折匣"，还有装运驿递"题本"公文文书的驿递木箱。这些配备制作的尺寸都是为了方便驿夫长途携带、大小适中。这些报匣、折匣都会登记数量，如果有损坏都需上报，再由户部另发新匣。用于寄递题本的本箱也会有详细的编号，登记在案。外层会贴有封条，以便在驿递沿途不会被任何人任意拆启。一旦被发现有私自开启封条的情况，一定会追究责任。本箱外层还会加装皮革护套，来保护箱匣中的文书不受雨水潮气的侵损，所以，有些时候在文献记录里这些箱子也被称为"送本皮箱"。

水淹桥断等各种道路情况

除了遗失外，还有很多情况会造成本箱意外，例如中途遭遇水灾，路桥冲断，或是驿递马夫在半途身患重病……这些都较情有可原，也因此朝廷会视情况，免予究责。例如道光十六年八月十八日，两广总督于道光由驿站发寄本箱，但却在途中遭遇了事故，因此迟误寄送。兵部查明原因后，了解是因为马夫在中途患病，又加上遭遇水灾冲断了道路桥梁，才会导致递送迟误。因此，负责呈报此事的江西巡抚裕泰特别奏请兵部，对于相关负责人等，免予查议，不再追究过失责任。[4]

除了会考虑实际状况，清朝官方在处理驿递问题时，也会以赏罚分明为原则。若是驿站马夫恪尽职守，确实有功劳，也会斟酌给予奖赏，以为鼓励。类似的文书驿递事例，例如嘉庆五年元月，冬天带来了严寒与大雨，道路情况恶劣。户部官员因此特别奏请如果各处驿站皆能将军报消息在限期之内递寄送达的话，可以特别奖励有功人员。[5]嘉庆帝也有旨意，认为在这样隆冬时节，大雪纷飞的恶劣天气情况下，加上泥泞不堪，难以通行的道路，可是相关官员与驿站马夫却表现出色，尽忠职守，使得紧急军情讯息能确实传递，的确是应该要特颁旨意，加以奖励的。[6]

送信路上半途摔马的突发情况

驿递过程会发生交通意外的除了人以外，还有作为交通工具的马匹。驿马性情敏感，很容易被外界影响。一旦在路上受到惊吓，往往失控狂奔，造成本箱、报匣意外失落，又或冲撞路人，造成各种文书意外遗失与财物损失。《史语所藏明清内阁大库档案》中记载了几起事件，从中我们可以一窥具体情况。

乾隆五十四年七月前后，湖南巡抚浦霖奏报，湘潭县丞张士璟在接递两广总督福康安寄发的六百里加急奏折过程中，驿递马夫一时不慎，致使马匹受到惊吓，公文报匣意外毁损，造成寄递延误。由于报匣中的奏折是军情机密文书，延迟传递，可以说是严重失职，因此驿递马夫戴大，依例处罚，杖刑 60 下，判处徒刑 1 年。此外，湘潭县丞张士璟也受牵连，革除职务，以示惩戒。[7] 类似的案件中，兵部等相关官署单位均会详细查明文书递交迟误的详细原因，按相关律例进行究责处罚。

伙伴生病，冒名代班的情况

清初以《切问斋文钞》闻名的名臣陆耀曾在担任湖南巡抚时，处理过一件外委吏员奉差递送公文折匣，却私下转由骡夫代为递送的案件。涉案的骡夫马正元不仅代官府吏员递送公文，还在半途中私自将折匣带回原籍。

湖南巡抚陆耀在奏报中说明外委吏员杨宗明奉差递送折匣，本来应该负责亲自递送的，但却在回程途中将奏折私下转由骡夫马正元代为完成递寄任务。不料，骡夫马正元却又私自将折匣带回自己家，严重违反规定。折匣里多半为军机文书，骡夫不明就里，将重要文书携带回老家，酿成了一桩文书递寄的脱序事件。刑部后来审议此案，相关人等都依照律例，加以究责治罪。[8]

事实上，这一种在驿递过程中出现的冒名代班情况并不少见，多半是因为递寄公文的半途，驿递马夫有人突然生重病，无法骑马。在没有办法的情况下，只好临时由他人暂代，完成任务。可是，这样的权变之计并不符合清代驿递制度的官方规定，虽然这不过是一种私底下临时处理问题的办法，但是一旦被长官察觉，向上呈报，相关人员就会被究责处罚。

趁便夹带私物的违规事件

驿递过程中失职的人员，都有处分规定，视情况罚则有轻有重。除了常见的各种遗失情况外，驿递本箱上的传牌文书填写错误也经常发生。这时官员多半得负起查核不实的责任，照例罚俸，也就是处罚停付薪水。寄送时序不一，未将相关公文书信连同本箱一并寄达，也是常见的过失之一。

另外，在这些过失行为中，还有一种特殊案例，也就是假公济私。趁着处理驿递事务之便，在驿递公文书信的本箱中，差役私下夹带商品货物，例如绅布布匹，从中投机谋利。

《史语所藏明清内阁大库档案》记载有一件发生在乾隆十八年十月十二日的驿递公文夹带"绅布"，差役试图谋取私利的案件。兵部提报四川提塘官员韩管管理的差役有纪律不严的情况，明知道驿递差役会趁便私带绅布，长官却没有直接揭发，反而顾及情面，代为隐瞒事实。这样的不法情形被查获后，提塘官韩管被降职三级，另调他处任用。[9]

除此之外，驿递相关官员失职而被罚俸的案件，也有不少相关记录。例如：乾隆三十年六月二十一日，大学士傅恒在题本中奏报，两广总督苏昌辖下行政文书人员一时粗心大意，将奏匣的传牌文书缮写错误，导致投寄错误。安徽桐城县知县刘瓒管辖的驿站，作为第一站首先发生错误，应受处罚。驿递沿途中，曾经接受文书，并且再行递寄的舒城县知县徐绍鉴，因为没有仔细检查，也有责任，因此两位官员都判以"罚俸"的处罚。[10]

被贼匪偷取的本箱和乞丐路人拾去的公文

台北故宫博物院典藏的《乾隆朝宫中档奏折》中，曾经记录一起贼人在半途偷取直隶清苑县马夫刘福递送的本箱的案件。乾隆四十七年七月二十三日前后，直隶总督郑大前奏报已经遵旨亲自审讯过清苑县马夫刘福的案情，了解具体情况。此案中，刘福在递送公文到四川的路上，被贼人偷偷割去了随身携带的驿递本箱。刘福此次驿递本箱沿途都没有其他马夫驿弁相伴而行，因此使贼人小偷有可趁之机，在途中下手偷取。

《乾隆朝宫中档奏折》写得简单，但《史语所藏明清内阁大库档案》保留了更为详细的案情，帮助我们了解这一件贼人偷盗公文案件的背后隐情。原来马夫刘福在接递寄送四川省本箱的过程中，其实并没有真正小心地注意马匹的情况，导致马匹在路上受到惊吓逃跑，本箱也在马匹逃跑的过程中坠落在半途。后来，本箱又被路人捡走，在好奇心的驱使下拆开来看，而不是像刘福原先声称的，这个本箱是被贼人偷取了。此案的善后处理上，负有管理监督责任的知县庄士宽，由于管理驿递不慎，被交部议处究责。

此案的后续影响也不小，清廷在处理此案的过程里相当谨慎地反复查核，并一再重新思考办理的章程，并从中学习以改善驿递流程。整体来看，此案虽然有些曲折离奇，但却间接反映了当时驿递沿路上的困难之处，不仅有天气所导致水淹路断，又有治安不佳、贼匪为患等人为因素，都干扰了公务文书的正常寄递工作。

若将公文遗失的案件归纳统合，我们可以发现位处驿递必经之处的直隶省良乡县，经常发生公文被盗与差役不慎在半途失落公文的事件。在嘉庆十七年十一月就有一个案例，当时正值北方岁末冬寒，兵部官员董诰奏称马夫常兴旺在递送公文的半途中，路经直隶良乡县的时候被贼人劫去了公文。良乡县知县范钟因为想要规避上级的连带处分，于是教唆马夫捏造供词，隐瞒实情，希望将这件盗案压下来。但事件依旧东窗事发，揭发后，良乡县知县范钟不仅被革去知县官职，最后，还被流放至乌鲁木齐。

嘉庆二十五年二月在直隶良乡县也发生了一件遗失公文的案子，顺天府尹刘镮之在向朝廷提出的参奏中写到，良乡县知县陶金殿因为没有慎选马夫，过于疏忽大意，最后致使兵部发交军机处的紧要公文在半路遗失。但知县陶金殿不但没有承认错误，一开始他还捏造事实，多方掩饰，向上级谎报马匹因为在半路受惊失控，马夫跌坠落马，才使军机处重要公文遗失。

事后，官府提询马夫史玉，这才发现驿递途中根本没有马匹受惊，也没有人员坠马。因此，知县陶金殿被议究责任，加以处罚。马夫史玉亦交由刑部严加审讯，问明详细情况。这件公文遗失案件恰巧也发生在良乡县一带，时间上也是在冬末春初的时节，颇让人心生怀疑。两案互相参照，可以判断其实应该都是驿递马夫在寄递公文书信途中，途经良乡县一带时，被贼人抢劫了，这才使得公文发生遗失的情况。

公文除被人抢走、偷走外，也可能会被不知情的人给捡走。在《史语所藏明清内阁大库档案》中还记载了嘉庆十五年五月二十九日的另一件特殊事件。这次的事情一开始，咸宁县马夫贾德等人在接递湖南寄送本箱的时候，马匹受惊后失控，致使递运本箱遗失在半途的道路上。但在当时寄递文书的本箱并没有被找回来，反而被沿途乞讨的乞丐夏志平意外捡获。夏志平也没有仔细思考究竟应该如何处理在路旁拾得的公文本箱，反而把本箱给打破、损坏了。

这起案件经过刑部审理后，判断因为事关重大，涉案的马夫贾德要判处杖刑。而那位在半路上意外捡到公文本箱，却又不慎毁损的乞丐夏志平，后来也难逃严厉刑责，被判处杖刑100下，流刑3000里。他一时的糊涂，可以说是害苦了自己。

遗失公文的善后处理与动员寻找遗落的公文报匣

这些遗失的公文，有时因为负责官员担心受到处罚，或是想要脱责，而会被一拖再拖，几乎使信息错过了传递的机会。乾隆二十二年十月间，协办大学士刑部尚书鄂弥达便曾奏报过驿递马夫高二格遗失公文的事件。案件中，马夫高二格在传递的过程时不慎遗失了公文，但却没有据实呈报，使得公文传达延误严重。这个案子的后续处理上，清廷严厉责命，此后若是遇到公文半途遗失的情况，相关官员应立刻将详细情况上报，以便相关衙门补发公文书信，避免延误。事实上，这一类遗失报匣、本箱、公文、奏折的案例在清朝档案的记录中并不少见，许多案件都可以看到具体的记录。

有时为了避免延误军机，地方官员也会命令马夫冒着风雨，强行渡江驿递公文书信。这是一件非常危险的事，也不是每次都能有惊无险地完成使命。有时马夫也会有渡江失败，发生溺水身亡的意外，公文奏折也就因此流失在滚滚江水之中。《史语所藏明清内阁大库档案》里曾有这类事件的记录，道光二十一年闰三月的初春时分，江西省宜春知县王嘉麟因为接递传寄紧要公文奏折，事情紧急，便严令马夫冒着风雨，强行渡江。然而，马匹与人抵不过江水的冲击，不幸覆溺于江中。不慎流失江中的兵部等处公文书信，后来都被陆续寻获，但延误了传递时间，又损伤了人命，知县王嘉麟后来被交部议处，追究责任。

清朝官方对于驿递路途中不幸发生意外而殉职的马夫差役，也有抚恤恩赏的相关规定。根据《史语所藏明清内阁大库档案》记载，嘉庆五年七月前后，正值夏季汛期，也是河川水势高涨的时间。这时，蓟州马夫杜成泰在递送吉林将军奏折的途中，不慎在渡河的时候被水淹死。嘉庆皇帝获知此事后，特别颁有旨意，谕令加恩赏赐马夫杜成泰的家人白银50两，并且指示查明杜成泰身故后，有没有子嗣后人。嘉庆帝指示若是身后留有子嗣，要由其子顶领其父钱粮薪饷，作为抚恤。

经由这些记录在清朝档案中的小故事，我们看到了这群驿递马夫的人生际遇，以及他们在递寄半途中的各种意外插曲。小人物为了达成使命付出的各种努力，尽管必须克服重重困难与危险，为了让紧急文书能够顺利送达，他们快马加鞭、强渡洪流，有时甚至还付出了他们宝贵的生命，这一切都只为了完成使命。

延伸阅读

1. 秦国经，《明清档案学》，北京：学苑出版社，2005。

2. 刘文鹏，《清代驿传及其与疆域形成关系之研究》，北京：中国人民大学出版社，2004。

3. 苏同炳，《明代驿递制度》，台北：中华丛书编审委员会，1969。

4. 王子今，《驿道史话》，北京：社会科学文献出版社，2011。

5. 杨正泰，《明代驿站考（增订本）》，上海：上海古籍出版社，2006。

注释

1. 台北故宫博物院藏，《军机处档·月折包》，文献编号：021474，乾隆四十三年十月二十五日，浙江巡抚王亶望特参本箱失水金差不慎之建德令伍光纭请交部严加议处由。

2.《史语所藏明清内阁大库档案》，文献编号：025377-001，乾隆三十二年三月，奏报司员迟误本箱事件请交部查议事。

3. 台北故宫博物院藏，《军机处档·月折包》，文献编号：145566，光绪二十七年十月二十八日，增祺等奏为赍送本箱遭兵燹遗失无存恭折仰祈圣鉴事。

4.《史语所藏明清内阁大库档案》，文献编号：154569-001，道光十八年四月初三日，兵部为查明接递本章迟误事。

5.《史语所藏明清内阁大库档案》，文献编号：215221-001，嘉庆五年一月，户部为各处驲站军报能克期递到咨部议叙由。

6. 嘉庆皇帝对此事特有旨意："昨额勒登保拿获首逆王廷登，文报适值大雪优沾，路途泞滑，亦能迅速接递，毫无迟逾，所有沿途驰送军报之驲站员弁，及捷报处章京等查明咨部，照例议叙，其马夫人等均着酌量给赏……"参见："中央研究院"历史语言研究所藏，《史语所藏明清内阁大库档案》，文献编号：215221-001，嘉庆五年一月，户部为各处驲站军报能克期递到咨部议叙由。

7.《史语所藏明清内阁大库档案》，文献编号：094588-001，乾隆五十四年五月，移会稽察房湖南巡抚浦霖奏参署长沙县事湘潭县丞张士璟。《史语所藏明清内阁大库档案》，文献编号：101719-001，乾隆五十四年五月，移会稽察房湖南巡抚浦霖奏参署长沙县事湘潭县县丞张士璟毫无觉察跌损奏折一匣事；《史语所藏明清内阁大库档案》，文献编号：094581-001，乾隆五十四年七月，移会稽察房湖南巡抚浦霖奏署长沙县事张士璟接递奏折中途跌损报匣迟误一案内马夫戴大等递送军情机密文书稽延事。

8.《史语所藏明清内阁大库档案》，文献编号：090717-001，乾隆五十年三月，刑部为湖南巡抚奏杨宗明一案。

9.《史语所藏明清内阁大库档案》，文献编号：100593-001，乾隆十八年十月十二日，移会稽察房四川提塘韩管虽无改换本箱情弊但明知承差赍带绌布代为隐瞒事。

10.《史语所藏明清内阁大库档案》，文献编号：063799-001，乾隆三十年六月二十一日，题覆两广总督苏昌奏匣提督本箱舛错传牌事。

第九章

明清北京的热闹市集
与太监宫人的秘密交易往来

日斜戏散归何处，宴乐居同六和居。

三大钱儿买好花，切糕鬼腿闹喳喳。

清晨一碗甜浆粥，才吃茶汤又面茶。

凉果炸糕甜耳多，吊炉烧饼艾窝窝。

叉子火烧刚买得，又听硬面叫饽饽。

烧麦馄饨列满盘，新添挂粉好汤团。

爆肚油肝香灌肠，木樨黄菜片儿汤。

清代诗人杨米人，《都门竹枝词》

隆福寺庙会上的朝鲜使节情报活动

明清时期北京隆福寺一带便有庙会市集，而且当时就以"京城小吃"闻名四方，因此这个地方经常有人马来往，异常热闹。除了诗人杨米人（生平不详，约乾隆年间人士）在《都门竹枝词》中提到的各种北京小吃与南北各色货物之外，还有一些幻术杂技表演。朝鲜使节们曾经在《燕行录》中详细记录了在庙会集市中的各种特殊见闻，例如使节团随行成员之一，御医金宗友就曾在记录中写下，他在隆福寺街上购买的奇特玩具"筒蛇"。金宗友认为这种牛角制作的玩具，不仅动作有趣，还可用来医治小儿病疟。当时的朝鲜医者认为"惊吓"就是一种药引子，所以可用"筒蛇"吓吓孩童，以此来医治幼儿疾病。[1]

除了逛庙会市集之外，朝鲜使节也常到琉璃厂附近的旧书古玩市集购置各种图书，还寻找一些依照官方规定不能放行出关的图书。为了搜集这些书，使节们通常会派仆役私下购买。或许是出自怀念前朝的关系，有些记载也提及使节团成员会在这里向书店询问一些与明朝有关的图书文献与古董字画。店家接到这些订单后，会通知南方的伙伴，利用运书船将书沿着大运河运送到北京。在北京四处购买珍贵图书文献，也可以说是使节团比较正大光明的情报侦查项目。

相较之下，还有一些情况是使节团的高阶使臣不方便自己出面的。像打听北京天主堂外国传教士的活动，他们会派出较低阶的随行成员四处打探，希望有助于朝鲜理解西方世界的具体情况。另外，使节团也会派出随团子弟军官们，私下向清朝宫人偷买宫中的档案簿册，设法记录研究，甚至想办法夹带偷运回朝鲜，以便调查清朝国情，这些都在各种传世的燕行文献中隐隐约约地记录了下来。

销赃黑市窝点：地安门外的杂银铺子

前文曾经提到宫中人时常偷偷将宫内物品偷盗出来，这些物品如何变卖，我们在清朝文献中也可以窥知一二。根据大盗偷盗案件的档案文献记载，其中一处黑市销赃的窝点，是在紫禁城地安门外的"杂银铺子"。为何会设立在地安门附近一带，这里面有相当复杂的地缘因素。

地安门在北京老百姓的口中，一般俗称为"后门"，是相对于正阳门的"前门"而来。因此，地安门一带的万宁石桥，也被京城老百姓通称为"后门桥"。地安门外的后门桥这一带由于地邻帽儿胡同的步军统领衙门，以及什刹海附近的王府与官员宅第，人口众多，因此在商业地利上占了先机。

此外，加上在宫中当差的护军侍卫、杂役苏拉，以及内务府官员人等出入紫禁城主要都由地安门出入，势必经过后门桥一带。因此，所谓人流即钱流，后门桥周围一带商号众多，车马往来繁复，形成了一个相当繁荣的商业区。正因为有这样的商业市集与地理条件，地安门外一带才会开设杂银铺子，而涉入太监宫人变卖宫中玉器陈设的犯罪案，其实也算是合情合理。

乾隆二十九年九月二十九日前后，北海永安寺宫殿远帆阁处，发生了太监、苏拉与宫中苑户结伙盗窃宫内陈设玉器变卖的案件。结伙将宫中陈设的玉器带出宫的太监、苏拉与苑户等人，一出地安门后便到了杂银铺子，在该处店铺将宫廷玉器换成现钱，方便大伙私下分赃。从这起案件进行初步推理，可推测地安门外的邻近地方，一定有专门收买玉器的杂银铺子。这些店铺也就类似现代社会专门销赃的黑市交易据点，支持太监宫人的犯罪行为。

《内务府奏销文件》也记载了一件后宫荷包头目差事银两与绒线银两被太监私下克扣侵吞的奇特案件。太监趁机将后宫制作荷包等针线活的支出银两，扣在手中，不照实数核发，偷偷将应当支付的银两扣下，企图占为己有。乾隆二十六年十二月二十日前后，内务府总管奏报太监刘进玉承办宫中庆妃娘娘荷包却从中渔利。太监刘进玉在这件贪污宫中绒线银两与丝缎荷包片料的案子里，曾在口供中提到，自己想要将宫中荷包针线活的工作，私下转包给外头的匠人办理，以便上下其手，贪污银两差额。我们虽然无法从口供中得知他究竟找了哪些宫外匠人协助，但是从这件案子我们可以间接印证，太监的非法活动需要京城市集买卖人的协助，才有成功的可能。[2]

乾隆三十九年十一月中旬前后，翰林院掌院大学士舒赫德奏报太监徐贵私带两包珍贵的貂皮。奏折中写到他们每人背负一件由西华门出宫。西华门以西也就是"中官屯"（也是如今高科技大楼林立的中关村）。这一带正好是年老宦官太监因病出宫后，颐养天年的地方。在这里自然会有许多宫中太监来往，自然也不乏私下交易。宫人偷带珍贵貂皮出宫到西华门附近变卖销赃也是可以理解的。[3]

圆明园宫门外的洋表贩卖案件

除了偷窃玉器、丝缎荷包片料，还有许多东西也在太监的偷窃范围之内，例如西洋钟表。道光年间，这个问题极为严重，引起了道光皇帝的注意。

从嘉庆十六年闰三月初一向朝廷的奏报就可以看到总管内务府大臣穆克登额，提及宫殿中遗失洋表的案件。虽然将相关太监逐一连夜审讯，不让涉案太监睡觉，以便尽快破案，[4]但成效依旧不彰，圆明园宫门外的海甸中官屯一带，甚至发生值班太监变卖值钱西洋钟表的情况。

例如《道光朝宫中档》记载，道光二年十二月十八日冬季时分，道光皇帝命令总管内务府大臣，务必严加注意查禁宫中太监在圆明园宫门外贩卖洋表的情况，并且要求查禁太监在圆明园宫门近处开设的茶馆。皇帝心里想必很清楚太监手上的这些西洋物事，背后来源必定很难说得明白。而太监在圆明园宫门附近开设茶馆，也必定不只是专门贩卖茶水，贪图这点蝇头小利。毕竟茶馆之中，人来人往，未尝不是一处极佳的销赃处所。

在这些案子中，我们或多或少可以看到太监盗卖宫中物品的真实情况，很有可能他们的做法也如同地安门附近的商店一样，地下交易场所就在离案件地点不远的地方，尽可能缩短时间，快速将赃物变现，减少被查获的可能。

太监涉入的各种诈骗与金钱纠纷事件

综合来看，清朝太监与宫外人的金钱纠纷，多半涉及太监借贷金钱不还、积欠商家货款、仗着自身势力向宫外人勒索、诓诈财物、货品，或是违反禁例私买坟地，以及因为赌债纠纷而被步军统领等负责京城秩序的专责衙门逮捕等事。

例如中国第一历史档案馆典藏的《军机处档全宗·录副奏折》中记载：乾隆三十九年八月初八，吏部左侍郎迈拉逊向朝廷奏报太监杨国泰诈骗海成银两。乾隆四十一年，兵部尚书福隆安也奏报太监张进成在宫外强索麸料，这些记录都证实了太监与宫外商贩之间的各种经济纠纷，而这些纷扰事件，大多呈现了太监们借势强行索要商品物资的一面。[5]

类似案件还见于道光二十年三月初五步军统领奕经的奏报。当时，太监史进幅等人设局诱赌，并且对输家强行逼债。道光二十年八月十八日，中秋佳节前后，尽管加强了京师巡查，但步军统领隆文还是查获诈骗嫌犯设局诓骗京城百姓衣服，并转交给太监私下售卖的事情。

《军机处档全宗·录副奏折》还记载了咸丰十年三月下旬前后，巡视北京东城的监察御史毓通的相关奏报：京城东四牌楼经营线坊的商家李大控告太监韩进喜诓骗他钱文银两。此案中看到"李大"这个名字，我们通常可以判断他是京城中从事体力劳动的老百姓。因为这些老百姓多会在姓氏之下，加以"大"字作为名字。旁人一听其姓名，自然便明白其工作行当、出身背景为何。例如前文中提及的"邢大狐仙案"，邢大平日从事帮人烧香治病的民间宗教医者工作，从传统上来说亦是出身不佳的行业之一。李氏身份低微，依靠手艺维生，生活并不容易。此案经受理审讯后，御史奏请将太监韩进喜交由刑部严审治罪。从商贩李大控告太监韩进喜诈骗钱财案，我们多少可以看到宫中太监与京城中下阶层老百姓之间的经济互动与交流。至于其间纠缠不清的关系，实在一言难尽。[6]

好赌成性，赌博丧命的太监宫人们

宫中人生活多半寂寞无趣，没有寄托，因此许多太监平时都有赌博的习惯。道光十六年十月初七，为了解救私下赌博的太监下属，当时掌管宫中事务的总管太监张尔汉出面向负责官员耆英等人求情，希望能够释放太监张进忠。这事传到了宫中，引起道光皇帝的不满，而特有上谕旨意要求训诫严查。道光皇帝在上谕中指示，太监张进忠因为赌博被逮捕，总管太监张尔汉不但没有加以严查，却向耆英恳求释放。耆英也没有严行拒绝，反而听从请托，纵放人犯。如此瞻徇卑鄙，行为恶劣，必须要严加议处，追究处罚。[7]

尽管刑罚严酷，太监赌博的风气依旧，难以根除。甚至还有从宫中逃跑的太监在逃亡的途中，都忍不住找机会与老百姓聚赌。亡命天涯的半路上，依然不忘要赌上一把的人格特质，让人忍俊不禁，不禁让人联想到金庸笔下的人物韦小宝也是好赌之徒。太监为了赌博，即便是触犯森严宫禁，也在所不惜。据《史语所藏明清内阁大库档案》记载，道光十四年十二月中旬，直隶总督奏拏获逃逸太监王喜寿。太监王喜寿在逃亡途中曾与民众李老先生等人一同赌博。由于太监不能任意与一般老百姓私相交往，甚至在外过夜，更遑论一起赌博了。因此众人聚赌被发现后，也都追究了责任并受到了惩罚。[8]

但是正所谓"十赌九输"，赌徒生涯的下场多半不幸。沉迷赌博的太监常因为缺钱，偷窃宫中钱票。而这样的犯罪行为一旦被官府查获，按照法律是必须判处绞刑的。因为好赌，许多人也付出了生命的代价。《咸丰朝宫中档奏折》便记录了这样的事件。内务府奏报宫中太监多次偷窃钱票，并且聚众赌博，咸丰皇帝在奏折中，特有旨意："该太监等陆续偷窃，所有此案之周幅僖、谢汶至，均着改为绞监候，秋后处决，余依议。"

咸丰皇帝在批示中刻意加重了刑责，将涉案太监处以

"绞监候"，待秋后即行处决。十赌九输，神仙也难救，赌博害人之深，不只是让人偷盗，甚至还失去宝贵生命。这不仅是宫中人生活的无奈写照，某方面也是人性悲剧。[9]

南海普陀同进香：逃跑太监的信仰世界与心灵寄托

太监依规定不能私下结交官员朋友，也不能任意出入宫廷。但凡是有制度的地方，就一定有弊病漏洞可以钻营打点。他们多半利用出差办事之机结识朋友，打通关系，或是私下与家人书信往来。甚至有些太监还会利用机会逃出宫外，想办法实现自己的心灵寄托，例如赌博，或是达成自己宗教信仰上的修持理想。

不同于天理教在《林案口供文件》中所记录下"无生老母""三劫轮替"这类民间秘密宗教信仰，有些太监是虔诚的佛教信徒，他们相信有生之年，必须要到南海普陀山进香，才算完成了毕生心愿。时至今日，我们无法想象这些太监的心态究竟是怎样，但是人生有梦想需要实现，这是放诸四海而皆准的共同道理。也许远赴南海普陀山，烧香礼佛并不能改变太监宫人的苦难困顿，但是至少在佛教轮回因果观念之下，此生修行，为求来生善缘。为了满足宗教信仰的心愿而亡命天涯，这是何其美丽，又何其无奈的人生梦想。

中国第一历史档案典藏的《宫中档全宗》便记载有两起太监逃亡，远赴南海进香礼佛的案件。第一起发生于雍正元年正月二十九日，传统上这还是年节，加上雍正皇帝新掌大宝的新朝气象，气氛本该一片升平和乐。但是浙江巡抚李馥向朝廷奏报在境内拿获一名逃逸太监郑进忠。不过根据郑进忠供称，他并非私自出宫，而是奉了康熙皇帝的旨意，接了钦命差事，才特别出宫前往南海进香。

由于浙江巡抚李馥无法确知郑进忠的真伪，因此他特别向朝廷请旨，以便在后续处理上，能够有所依据。从案情记录我们无法得知郑进忠是否说谎，但可以确知他真心想要到南海普陀山进香，所言并非虚假。

时间相隔百年，道光五年五月初一，内阁大学士曹振镛向朝廷奏报逃亡太监马长喜事件。在这个案件里，太监马长喜伪造差票，并且假冒差派官员的顶戴服饰，搭乘江苏粮船帮工乔凤样、胡祖源的船只，沿着大运河一路南下，前往南海进香。直到道光四年十月二十一日，马长喜才被江苏巡抚张师诚查获。这两件案子，虽然时间上有近一百年的差距，但是逃亡太监们共同的目的地都是佛教圣地南海普陀。

或许，这并不是巧合，而是有一种内在宗教信仰的文化脉络存在其中。逃出深宫的太监，或许也有精神层次的渴求。身为宫中人，这一世人生，命运虽不通达，但或许可以用生命的下半场来虔诚礼佛，以求回向福德，修持来生。宫中人的小小心愿，或许只是不用再面对生活中的无奈与辛苦磨难，只是想要一个平凡、简单、幸福的人生。[10]

延伸阅读

1. 庄吉发，《真空家乡：清代民间秘密宗教史研究》，台北：文史哲出版社，2002。

2. 庄吉发，《故宫档案述要》，台北：故宫博物院，1983。

3. 韩书瑞（Susan Naquin）原著，朱修春译，《北京：寺庙与城市生活（一四〇〇—一九〇〇）》（译自：*Peking: Temples and City Life, 1400–1900*），新北市：稻乡出版社，2014。

4. 韩书瑞（Susan Naquin）原著，陈仲丹译，《千年末世之乱：一八一三年八卦教起义》（译自：*Millenarian Rebellion in China: The Eight Trigrams Uprising of 1813*），南京：江苏人民出版社，2010。

5. 张德泽，《清代国家机关考略》，北京：学苑出版社，2001。

6. 秦国经，《明清档案学》，北京：学苑出版社，2005。

注释

1. 朝鲜使节团在出使清朝的时候，曾在《燕行录》文献中写道："御医金宗友买筒蛇而来，试开筒口，蛇即摇头振身，蜿蜒迸出于席上。乃黑角造成，而其巧如此。问：'何用买此？'对曰：'将以惊小儿病疟。'来时涌店中见壁上大蜘蛛悬空自舞，亦造成也。"参见：夫马进、林基中编，《燕行录全集·日本所藏编》（首尔：东国大学校韩国文学研究所，据日本天理大学藏本影印，2001），册一，387页。

2. 参见：中国第一历史档案馆，《内务府奏销档》，乾隆二十六年十二月二十日，册二五九，微卷页数134–137，太监刘进玉承办荷包等项差务从中渔利事。

3. 参见：中国第一历史档案馆，《军机处档全宗·录副奏折》，档号：03-1415-011；03-1415-012，乾隆三十九年十一月十七日。

4. 参见：中国第一历史档案馆，《军机处档全宗·录副奏折》，档号：04-01-14-0052-073，嘉庆十六年闰三月初一。

5. 参见：中国第一历史档案馆，《军机处档全宗·录副奏折》，档号：03-1354-043，乾隆三十九年八月初八；中国第一历史档案馆，《军机处档全宗·录副奏折》，档号：03-1261-006，乾隆四十一年四月初九。

6. 参见：中国第一历史档案馆，《军机处档全宗·录副奏折》，档号：03-4064-027，道光二十年三月初五；中国第一历史档案馆，《军机处档全宗·录副奏折》，档号：03-4066-017，道光二十年八月十八日；中国第一历史档案馆，《军机处档全宗·录副奏折》，档号：03-4591-026。

7. 参见：中研院《史语所藏明清内阁大库档案》，文献编号：134900-001，道光十六年十月初七，刑部为太监嘱托公事由。

8. 参见《史语所藏明清内阁大库档案》，文献编号：183323-001，道光十四年十二月初十，刑部为盘获逃走太监王喜寿事。

9. 参见：台北故宫博物院，《咸丰朝宫中档奏折》，咸丰十年十一月二十二日，奏报审拟太监偷窃钱票并伙同赌博案情形。

10. 参见：中国第一历史档案馆，《宫中档全宗》，档号：04-01-30-0368-023，雍正元年正月二十九日；中国第一历史档案馆，《宫中档全宗》，档号：04-01-01-0668-028，道光四年十月二十一日；中国第一历史档案馆，《宫中档全宗》，档号：03-4031-036，道光五年五月初一；中国第一历史档案馆，《宫中档全宗》，档号：03-4031-002，道光五年五月初一。

第十章
这里也有宫外人：皇宫园林中的各种流动人口

在清代宫廷与皇家园林门禁管理不够严格的情况下，许多时候都可以看到太监私下带家人亲友进入宫中。多半，皇帝并不会发觉这些芝麻绿豆的小事。但是事情总是会有出乎意料的时候，例如嘉庆年间，便有几件发生在紫禁城御膳房的突发事件。

其中一个案件记载于《史语所藏明清内阁大库档案》，事件发生在嘉庆八年闰二月，嘉庆皇帝正在圆明园"玉澜堂"用膳，同时接见大臣议论政事。但是，不知道是因为刚进宫，还没有熟悉规矩，还是一时大意，几个太监和在圆明园寄住服杂役的民户，竟然穿过正在用膳的嘉庆皇帝与议事大臣的厅堂。嘉庆皇帝震怒，便传旨申饬了掌管此事的"三山大臣"缊布与额勒布两人。[1]

该件"移会"文书还记录了嘉庆皇帝的训语："朕召见大臣处，岂有任听闲人往来行走之理。"档案文献也记载了清代宫廷关于皇帝用膳时，太监、宫女、杂役人等的行事要求。依规定皇帝正在用膳议事时，传膳人员应该只能在旁伺候，不能任意穿行。而不相关的闲杂人等，更是不能任意往来行走。[2]毕竟，皇家御膳事关重大，不能有任何差错，而军国大事又怎能让闲杂人等听闻呢！

除了汉文档案记录，康熙年间的奏折档案里也记载了与膳房有关的事例。档案中提到太监魏玉将"好面""次面"混用，偷斤减两，而且疑似将膳房一升大黄米面偷出，私下带往别的地方分人食用。[3]这些在皇家园林中当差，负责维护园林工作的园户不仅在圆明园中行为不检点，康熙年间甚至有在畅春园内的园户趁机偷窃太监值班的值房被拿获的案例。[4]嘉庆十年二月下旬，已经被革职的苑户周套儿与同伙郭勇富两人共同偷窃畅春园内陈设物品。事迹败露后，周套儿依例，被判处"斩立决"。郭勇福则被发配至黑龙江，拨派给兵丁为奴。至于负责巡更守卫的苑户人等，由于疏懒失职，也分别受到处罚。[5]

太监私带家人亲戚寄住宫中

除了圆明园中的杂役民户，宫廷中还有太监私下偷带家人寄住宫中。嘉庆年间膳房太监总管奏称膳房里有太监将子侄偷带进来，此人后来在嘉庆十五年六月十二日寅时在紫禁城外膳房投井而死。嘉庆皇帝听说后震怒，谕令究责当日值班的贝勒永琦，罚俸一年。至于其他官员，例如内务府值宿的司员等人也都被交部议处，拟罪责罚。[6]

御膳房的水井与皇家饮食大有关系。若是有人投井而死，井水怎么能用于日常生活？膳房备膳的用水这可就出现了大问题。但这件案子还有许多疑点，例如宫中的膳房为何有外人留宿？留宿的人又为何要在凌晨时分投井而死？可惜从档案里我们无法得知确切的答案。但唯一可以知道的，就是御膳房中也有外来民人生活住宿，而他们必定遇到了什么事，这些事最后让他们选择自杀。

另外，《刑案汇览》里也记载了太监留宿外人的案例。嘉庆二十年七月发生的"逆犯充当太监夤缘滋弊"，可以看到逆犯后人出身的太监林表、林显两兄弟除了违犯禁例，私下结交近侍官员，还曾让由台湾远道赴京探亲的一位亲戚刘碧玉，暂时留宿在圆明园"福园门"外的花洞。[7]

由于"福园门"内的"东四所"即为皇子在圆明园内居住处所，乾隆帝曾在《圆明园四十景图咏》"洞天深处"一景的御制诗文中，提及此处为"予兄弟旧时读书舍也"。福园门附近皇子阿哥们平日住所的安全，甚关紧要，怎能让太监私下留宿外人？也正因此，此案事关重大，官方严审追究事件详细经过，却也无意间为我们保留了一个太监私下带家人入宫留宿的案例。

匠役、皂役、买卖人、成衣人

事实上，紫禁城并非如一般人所想象的那样管理森严，而且只有皇帝，以及太监和宫女生活其间。为了维持日常生活，宫廷需要小买卖人、商贩与各类工匠、技术人员，支持整个中枢机构在物质生活上的运作。清朝档案的记录，具体呈现了紫禁城中流动人口形形色色的生活。

例如清朝相关档案中便有记载：乾隆二十七年十二月，镶黄旗护军统领便有咨文，文中指称民人石玉私自进入紫禁城内贩卖酒水。[8] 俗语说"杀头的生意有人做，赔钱的生意没人做"，贩卖酒水的买卖人为了赚钱，自然也就会有私入禁城贩酒的商业行为。前文有提到宫廷守卫不乏酒醉闹事的案例。想来，要能醉酒失态，那必定得先有地方买酒，紫禁城中贩酒也必定有着一定的商机。除此之外，《史语所藏明清内阁大库档案》中也记录了嘉庆年间多次申戒门禁，其后在道光年间仍然有民人任意出入紫禁城宫门的记录。[9]

道光十九年九月下旬，刑部奏称民人马二格因为知晓内廷近来在进行岁修工程，因此向相关营作匠役人等购买工程所剩下的破碎木柴。当时因为想要获利，马二格便与刘祥一同擅入西华门内，商同购买，却发生争吵，马二格情急下，即在隆宗门外将刘祥殴打致伤。斗殴案件发生后，马二格被依律惩罚杖刑 100 下，流放 3000 里，刘祥也被依律惩罚杖刑 100 下。这个案件不只呈现出宫门管制的松散，也呈现出宫廷岁修工程所剩余的木材角料、破碎木柴，也是商贩所觊觎的物料品项之一。[10]

匠役与买卖人谋利之余，西华门内的宫禁之地也就变作了木料商场。甚至，买卖不成，两人更大胆地在隆宗门外口角斗殴。此案的后续处理上，总管内务府大臣奕纪奏请将西华门值班主事文霖等人罚俸6个月，其他人等处以鞭责60下作为处罚。

其他类似的案子还有多起，例如：雍正十二年九月十八日前后，护军校等私放民人王德义由西华门处进入内廷买卖。道光十二年十二月初八，户部尚书兼管刑部事务的王鼎、总管内务府大臣奕纪等人奏报东华门值班章京富呢雅杭阿、护军参领双成等人把守失察，致使民人王亮于早晨辰初时分（大约早晨七点至八点钟左右）私自混入内廷禁城。无业平民王亮趁机攀越屋墙，又至萨玛房处，用力扭落官房门锁，企图行窃。[11]

此案件经揭发审讯后，值班章京富呢雅杭阿、护军参领双成，均被解职，交由刑部审讯，处以依例降一级调用的处罚。民人王亮则依律加重处罚，杖刑100下，流放2000里。另外，还有道光十八年十一月二十五日前后，东华门外开设饭铺的小生意人宋贤勤擅入紫禁城一案。这些大大小小的事件，反映的正是一种宫禁森严之外的特殊现象，宫外民人其实时常出入宫廷。[12]

清宫造办处的各种手工匠人们

谈到宫中使用的各种木料，必然会想到为宫中提供各种日常生活用品、艺术装饰、御用瓷器、大小家具陈设，以及各类玩赏杂项的造办处。"造办处"，简单来说，就是一座大型的"皇家御用工厂"。清代宫中的"造办处"在全盛时期，曾经设有42个手工作坊，聚集了全国各地能工巧匠，作坊包括如意馆、金玉作、铸炉处、造钟处、画院处、炮枪处、绣活处、鞍甲作、珐琅作、玻璃厂、铜作、匣裱作、油木作、镀裁作、盔头作等。

透过《造办处活计文件》的文献记载，我们能侧面观察这些拥有巧妙工艺技术的宫中人，以及清朝皇帝对生活的品味，还有太监们每天忙于传达皇帝各种制作要求，递送物项至造办处制作修改的忙碌身影。

《养心殿造办处史料辑览》中便记载了乾隆十年十一月

初一创办出的详细作业情况，包括太监胡世杰转交的挂屏样式，以及乾隆皇帝的相关旨意。

乾隆十年十一月初一，七品首领萨木哈来说，太监胡世杰交镶白檀香边横披挂屏一件，宣纸白纸挑山一张，对字一幅。传旨：照此画屏上现画的花纹样款用交出宣纸画对一幅，画挑山一张，外边白子要宽一指，里边花纹白子亦要宽一指，其里边画心俱照样画……[13]

乾隆十年十一月初七也有相关档案记录，记载了乾隆皇帝要求造办处制作《九九消寒图》挂屏的相关旨意。《九九消寒图》是旧日岁末时分的时风俗，一般百姓人家照例会在年终悬挂《九九消寒图》，每日则要在图上添一笔，待九九八十一日后，即填满消寒图。这时冬日将尽，春暖渐来，时序便到了春节时分。清朝宫廷里也有这个风俗习惯，乾隆皇帝便曾命造办处，依照图稿制作消寒图挂屏数件。由于《九九消寒图》每日都要新添一笔，所以在挂屏上必得有特别设计，能够从抽板取出《消寒图》。因此，乾隆帝特别要求，命令宫人将这个挂屏悬挂在养心殿、弘德殿、乾清宫、重华宫各处。

乾隆十年十一月初七，司库白世秀，副催总达子来说，太监胡世杰交《消寒图稿》二张。传旨：着做彩胜挂屏二件，将花卉图在养心殿东暖阁挂，人物图在弘德殿秋林独逸处挂。其二张俟交出时，亦做挂屏二件，乾清宫东暖阁挂一件，重华宫芦雁画处挂一件。其《九九图》俱要做活的，钦此。于本月初九司库白世秀，副催总达子将《消寒图》上做得塔式内，安活动抽板样一件持进，交太监胡世杰呈览。奉旨：俱照样准用绫绢堆做。钦此。传旨：着应添对子画轴之处，添做俱做锦边挂屏二件，得时在乾清宫一件。钦此。于十一月冬至日，司库白世秀，副催总强锡将做得锦壁子，绫绢堆做《九九消寒图》吊屏四件持进，按地方悬讫。[14]

这个困难的任务，造办处想尽办法，方才完成。最后，造办处的工匠设计出活动抽板的样件进呈御览，并得到了乾隆皇帝的认可。然后，赶在冬至之前，全力完成了皇上交办的任务。

整体来看，这些造办处的档案不仅呈现出宫中匠人如何努力完成皇帝交付的工作，在各种工艺上展现过人的智慧与巧思，也在字里行间保留了这些宫中人的姓名，他们在档案文献中留下了身影。

此外，清朝后宫有不少承制裁缝差事的宫中人，替后宫娘娘制作手工缝制的缎面荷包等随身饰物。或许正因为宫廷服饰文化中，荷包是不可或缺的配饰，所以围绕着荷包也就出现了太监贪污违法的奇特案件。[15]

《内务府奏销文件》记载了一件后宫荷包头目差事银两与绒线银两被太监克扣私吞的奇特案件。乾隆二十六年十二月二十日前后，时至岁末年终。内务府总管奏报审讯太监刘进玉承办荷包差事从中渔利的案情始末。刘进玉在口供中供称平常在庆妃娘娘宫中专门管理针线活计以及制作大小荷包的相关差事，由其每年按照制办数量，依例发放绒线银两给承制宫中荷包的"荷包头儿"孙氏妇人，作为办理活计的价银。

太监刘进玉本来应该在乾隆二十五年将庆妃娘娘发下的绒线银41两，全数交给荷包头儿孙氏。但刘进玉贪污渔利，只给了孙氏15两，从中挪用26两，中饱私囊。等到乾隆二十六年，庆妃娘娘处又发了荷包片裁料，共计774

件，总共活计价银为58两。孙氏因为去年前账未清，所以仅交出428件，尚有346件没有交齐。刘进玉多次劝促，但孙氏说等领到了银两，才交出其余的荷包活计。太监刘进玉一时贪念，就想将孙氏在宫中当差的差使银子11两2钱，以及这两年的荷包制作价银，一共将95两2钱银子全数扣下来，自己在宫外另找人家缝制。刘进玉心想宫外裁缝按件制作，只需银88两1钱，如此一来就可以从中赚取差价。并且为了粉饰自己上下其手的劣行，刘进玉谎称荷包头儿孙氏家中失火，把宫里发下的荷包片裁料意外烧毁了。

清宫里的"荷包"（fadu）

所谓的"荷包"，满文写为"fadu"，原是满族在草原骑射之时，习惯随身配带于腰间的包囊。原来意指盛放弓箭罩，或是行军口粮的杂物袋囊。满语中"裹带口粮"与"荷包裹装"（满语写作fadulambi），以及"使装荷包"（满语写作fadulabumbi）

的动词中，便可看到"荷包"（fadu）由名词转为动词词干来使用的情形，便可以证明其原先的用途功能所在。但是时代演变下，随着宫廷生活中美感装饰功能的强化，荷包多半绣工精美，丝织缎面样式丰富，渐渐成为一种服装上的华丽配饰。[16]

太监刘进玉在供词中陈述，他心想庆妃娘娘若是得知此事，必定对荷包头儿孙氏有恩赏，自己还可以从中得利。十二月十四日，刘进玉便由宫外拿来了60对荷包片料，暂放在其"他坦"收储，每对价银3钱5分，大荷包每对的缝制价银是1两1钱，小荷包每对价银是5钱，由小太监寿儿转呈庆妃娘娘，请娘娘从中挑用。

果然，十二月十六日，庆妃娘娘又再将刘进玉叫去，重新给了荷包片裁料41对。刘进玉便想将这些新裁的荷包片裁料，暂时放在"他坦"窝铺小屋里收藏，想再另外转雇宫外其他人缝制。后来东窗事发，刘进玉被内务府审讯，究治罪行，奏请将其发往打牲乌拉充当苦差。[17]

另外，清朝档案中提及的"他坦"一词，原系满语tatan的音译，指的是后宫中供太监暂时住宿休息的窝铺小屋。这类值班住宿小屋中，也常有宫外人来往留宿，甚至引起了咸丰皇帝的注意。

稍晚，咸丰三年三月间的上谕中，提到了禁止手艺人任意留宿于禁城公所房间，以严肃门禁的旨意。咸丰皇帝在同年四月份也提及禁城六宫之地，时常有"成衣之人"留宿宫中。

咸丰帝此处提到的"成衣之人"，或许指的就是手艺匠人中的裁缝。[18]

事实上，为了满足皇室宫廷日常衣服布匹的需求，苏州织造每年必须由江南向北京发运各种服袍布料。通过《苏州织造奏销乙未运至壬寅运织造缎匹料等项钱粮黄册》档案文献，我们大略可以看到这些专供皇家使用的衣物布匹品项。

例如光绪二十四年发运的品项便有"八丝地绒圈白牙三润色五爪正面龙各色满妆袍""八丝地绒圈白牙爪润色五爪正面龙大红满妆袍""八丝地绒圈白牙三润色五爪正面龙各色蟒襕缎""八丝地绒圈白牙爪三润色八宝五爪小团

龙各色妆缎""遮盖用油布雨袱",以及"装盛衣物用皮包箱"等。

紫禁城小知识

"他坦"的满语小知识

"他坦"一词,也就是满语tatan,根据日本学者羽田亨先生《满和辞典》与山田恒雄先生《满洲语文语辞典》的相关词条解释,此词的原意是野外临时住宿的毡房小屋。类似的字词还有coron tatan,也是指用木造支架组合而成,类似帐篷的窝铺小屋。至于,清朝档案文献中提及的"他坦",应该是意指专供太监宫人们暂时住宿休息的窝铺小屋。[19]

除上述商贩、酒贩、匠役、买卖人外,成衣之人,太监与他们认养的义子,太监的家人亲戚等,还有许多书办、笔帖式、皂役人等都会在宫中出入。内廷、外廷的各种官署也都有大量的文书抄写工作,因此在这些机构官署多半有皂役服务其中。皂役们虽然在出入上需要配带腰牌，但在嘉庆年间，兵、吏、礼部等处都曾经发生过档案册籍被偷盗的案件，此类案件往往又以皂役与其亲属出入宫禁的记录为多。[20]

此外，从古代朝鲜使臣编纂的《燕行录》中，也可以看到朝鲜使臣甚至在来访之际，屡屡碰到有人向他们兜售官署文件档案的情况。时至今日，其中的细节我们已经难以确知，但是唯一可以确定的是，宫廷日常生活的运作并不容易，常有疏漏。若换一个角度来看，我们所看到的并不是单纯的行为失序案件，这些案件所透露出来的信息，其实是整个庞大的支持网络，以及这些人际网络背后所支持的相应服务，还有不被历史记录的无声众人，这一群生活在严格规矩与法律条文中的宫中人。

延伸阅读

1. 张荣选编，《养心殿造办处史料辑览》第二辑，乾隆朝，北京：故宫出版社，2012。

2. 台北故宫博物院藏，《苏州织造奏销乙未运至壬寅运织造缎匹料等项钱粮黄册》。

3. 赖惠敏，《乾隆皇帝的荷包》，台北：「中央研究院」近代史研究所，2014。

4. 赖惠敏，《清皇族的阶层结构与经济生活》，沈阳：辽宁民族出版社，2011。

5. 赖惠敏，《清代的皇权与世家》，北京：北京大学出版社，2010。

注释

1. 参见:《史语所藏明清内阁大库档案》，文献编号：199562-001，嘉庆八年闰二月，兵部为玉澜堂闲人行走着申饬事。

2. 参见:《史语所藏明清内阁大库档案》，文献编号：199562-001，嘉庆八年闰二月，兵部为玉澜堂闲人行走着申饬事。

3. 参见：台北故宫博物院藏，《康熙朝宫中档满文奏折》，文献编号：411000051，康熙五十七年八月初三，膳房首领太监传旨查明将面带往何处。

4. 中国第一历史档案编，《康熙朝满文朱批奏折全译》（北京：中国社会科学出版社，1996），康熙朝无年月折件，步军统领隆科多奏请畅春园园户盗窃太监值房送交刑部拟罪折，1589页。

5. 参见:《史语所藏明清内阁大库档案》，文献编号：196995-001，嘉庆十年二月，兵部为周套儿行窃畅春园立斩事。

6. 参见:《史语所藏明清内阁大库档案》，文献编号：173896-001，嘉庆十五年六月十二日，户部为奉上谕事。

7. 参见:《刑案汇览（三编）》，册一，"交结近侍官员·逆犯充当太监夤缘滋弊"。

8. 参见:《史语所藏明清内阁大库档案》, 文献编号: 221130-001, 乾隆二十七年十二月, 兵部为民人私入紫禁城内卖酒等由。

9. 参见:《史语所藏明清内阁大库档案》, 文献编号: 184742-001, 刑部为民人擅入禁门事, 道光十二年十二月二十日;《史语所藏明清内阁大库档案》, 文献编号: 133617-001, 兵部为遵旨查办事, 道光十二年十二月;《史语所藏明清内阁大库档案》, 文献编号: 213993-001, 兵部为私令民人擅入东华门由, 道光十二年十二月。

10. 参见:《史语所藏明清内阁大库档案》, 文献编号: 217187-001, 道光十九年九月三十日, 刑部为民人擅入紫禁城购买破碎木柴因故斗殴审办事。中国第一历史档案馆,《军机处全宗》, 文献编号: 03-2687-007, 总管内务府大臣奕纪奏为失察民人马二格等擅入西华门请将值班主事文霖等罚俸六个月事, 嘉庆十九年十月初五。

11. 此段文献中所提及的"萨玛"(满语写作saman, 巫者, 祝神人之意), 即满族信仰的萨满教, 满族凡祭祀祈禳必跳神, 名曰"萨玛"。参见: 万福麟修, 张伯英纂,《黑龙江志稿》(台北: 文海书局, 1965)卷六, "风俗", 657–658 页。

12. 此节提及的相关档案文献可以参见: 中国第一历史档案馆,《宫中档全宗》, 文献编号: 04-01-30-0038-028, 稽察内务府事务监察御史傅参奏为西华门等处章京护军校放民人王德义进内市卖事；中国第一历史档案馆，《军机处全宗》，文献编号：03-3771-008，奕纪奏为遵旨查办章京富呢雅杭阿等私放民人王亮入东华门请交部审办事，道光十二年十二月初八；中国第一历史档案馆，《军机处全宗》，文献编号：03-3796-038，大学士王鼎奏遵旨审拟东华门外开饭铺之宋贤勤擅入禁城一案事，道光十八年十一月二十五日；中国第一历史档案馆，《军机处全宗》，文献编号：03-4048-046，户部尚书王鼎奏为审拟民人王亮私入东华门并企图行窃一案事，道光十二年十二月初五；中研院《史语所藏明清内阁大库档案》，文献编号：159563-001，兵部为看守禁门官兵稽察不严事。

13. 参见：张荣选编，《养心殿造办处史料辑览》，第二辑．乾隆朝，北京：故宫出版社，2012。

14. 参见：张荣选编，《养心殿造办处史料辑览》，第二辑．乾隆朝，北京：故宫出版社，2012。

15. 参见：（日）羽田亨，《满和辞典》，121 页；山田恒雄，《满洲语文语辞典》，255 页；安双成等编著，《汉满大辞典》，379 页。

16. 参见：（日）羽田亨，《满和辞典》，121 页。

17. 参见：《内务府奏销档》，乾隆二十六年十二月二十日，259 册，微卷页数 134–137。

18. 参见（日）羽田亨，《满和辞典》，72、418 页；（日）山田恒雄，《满洲语文语词典》，149、802–803 页。

19. 可以参见：台北故宫博物院藏，《宫中档咸丰朝奏折》，文献编号：406003878，总管内务府大臣裕诚奏闻奴才等遵旨会议具奏申严禁城门禁之章程缘由。

20. 参见：《刑案汇览（三编）》，第一册，"礼部皂隶之子偷祀祭司稿件"。

《苏州织造奏销乙未运至壬寅运织造缎匹料等项钱粮黄册》	
（现藏台北故宫博物院）	
苏州织造解运上用缎匹类别样式 （光绪二十二年四月二十七日解运）	**每件/匹/工料银**
八丝地绒圈白牙三润色五爪正面龙各色满妆袍	每件 35 两 7 钱
八丝地绒圈白牙爪润色五爪正面龙大红满妆袍	每件 48 两 4 钱 9 分
八丝地绒圈白牙三润色五爪正面龙各色蟒襕缎	每匹 37 两 7 钱 8 分
八丝地绒圈白牙三润色五爪正面龙大红蟒襕缎	每匹 56 两 6 钱 9 厘
长四丈大卷八丝地绒圈白牙爪三润色八宝五爪小团龙各色妆缎	每匹 52 两 5 钱 6 分 7 厘
长四丈大卷八丝地小团龙八宝小花各色片金	每匹 32 两 2 钱 9 分 2 厘
长四丈大卷八丝地小团龙八宝小花大红片金	每匹 49 两 4 钱 6 分 6 厘
长三丈大卷各色素倭缎	每匹 32 两 8 钱 1 厘
长五丈大卷各色八丝大缎	每匹 26 两 8 钱 6 分
长四丈大卷重石青帽缎	每匹 8 两 9 钱 3 分
遮盖用油布雨袱	每个 3 钱 5 分
装盛衣物用皮包箱	每副 2 两 5 钱
包封用并机上衬纸	每匹银 5 分
烘折绒炭	每匹银 1 分 6 厘 3 毫

清代笔记小说中，清朝初年皇帝对太监抱有高度的戒心。昭梿著名的笔记《啸亭杂录》卷一"不用内监"便提出了清代人对于内廷的具体观察。例如为了识别太监是不是有了解官方行政文书流程的能力，乾隆皇帝便想出将这些"预奏闻事"的太监统一更改姓名，冠以"王"姓的方法。这些被加强管理的太监若是被发现和外朝官员往来，会被处以严刑。虽然对于史料文献的正确性，我们不容易核实，但昭梿出身清朝宗室成员，他的记录或多或少，都反映了清朝领袖阶层内心一些真实想法。[1]

清代在行政文书管理上确实较为严谨，这都是为了避免明代太监当权所造成的祸事。或许，我们可以这样说，以史为鉴，明代太监们把持朝政的往事，依然深深影响着清朝数代皇帝，让他对于太监干预政治有着强烈的恐惧。因此形成了以宗室亲王担任内务府大臣，来管理太监大小事务的特殊制度。同时清代也在交泰殿特立铁牌，用以警示内官太监，不得干预政事。尽管宫廷禁枢规矩重重，但是再严密的管理，总还是有一些漏洞，甚至太监逃亡的事件屡屡发生。

整体来说，清代宫廷中的"太监"其实是一种不太有生活保障的服务工作。依照官府定例，若是太监生病，依照宫例会被逐出宫廷，放归为民，任他自谋生路。但离开了皇家生活的太监，并不被视为正常的人，谋生相当困难。因此，这种朝夕难保的日子，造就了太监们特异的行为与生活形态。

太监多是出身贫贱的人，为了找寻生路，进入宫廷。例如出生在顺天府大兴县贫寒人家的总管太监苏培盛便是一个例子。他曾经是雍正潜邸（就是雍正皇帝继位之前居住的王府，称之为"潜邸"）中的近侍，后来随着雍正登基，开始渐渐在内廷行走，差事甚为得力，甚至成了宫内相当有权力的总管太监。即便如此深得雍正皇帝的信任，但他只要稍显骄横，便受到庄亲王等人的参奏纠核，最后引来了雍正帝的训戒，并被要求约束言行举止。

透过清代《内务府奏销档》的描述，我们可以看到在庄亲王等亲贵眼中，太监苏培盛不过是一个出身低贱的下流之人。他只是因为得到了皇帝的恩赏拔用，才能在宫中当差。所以若他在宫廷日常生活里，言行举止稍有骄横，那就是忘记了自己的身份，绝对是要被好好究责，参议一番的。所以说，太监近侍无论官职大小，是否深受恩宠，不论如何，总是被人看不起，生活在一种不安的氛围之中。

太监偷寄家信与私下往来结交官员

也许是这些生活中的不安全感加深了太监对于家人的思念，清朝档案与《刑案汇览》《清实录》中常可以看到查获太监偷偷寄信给家人，以及私下请托带信出宫的案例。台北故宫博物院典藏的《军机处档·月折包》中便记录了嘉庆二十二年八月二十一日，总管内务府大臣英和向朝廷奏报，审理宫中内左门当差太监王幅受擅自寄送书信给宫外家人的案例，并详细记录了太监王幅受寄出的家信内容。[2]

此案中太监王幅受曾多次托人寄信给住在天津县的母亲。这些往来书信最后都被查获，奏折附件中甚至还保留了一封王幅受母亲寄给他的家书。由于这件事违反了宫中禁例，王幅受被治罪处罚。但事件的源头，其实是紫禁城外的王母因为思念儿子，才托人带信给在宫中当差的王幅受。可是，尽管是母亲的思念书信，也是被严格禁止的。当然依照律例而言，太监是不允许私带信件的，传递私信也有相应的处罚。

尽管触犯宫禁，这样的违规事例仍然屡见不鲜。毕竟思念母亲乃是人之常情。只是宫中人偏偏没有这种属于常情的权利。正因为如此，清代其实有不少太监逃跑的案子，试图逃离这重重封锁。而逃离宫廷的诸多例子中，既有成功，也有失败的。被官府查拿到的，多半也都得面对严厉的处罚。透过《内务府奏销档》所记载的数件太监逃跑被官府捕获的案例，我们可以获得一个概要的了解。

许多案例中，太监初次逃离被捕后，会被送回宫中，再做处置。多半是会被总管太监责罚，杖打 60 下，然后再被判至吴甸、瓮山等处铡草 1 年。有些多次逃跑成累犯的太监，则会被加重处罚，例如被处以"铡割野草二年"。这些逃跑太监们在接受割草劳役处罚完毕后，通常也不能回到原来当值的地方，只能被另外派到宫廷外围的"端则门"等处，当差执役。

　　面对严厉的宫廷禁规无计可施，宫中太监们有时也会与侍卫，以及在圆明园等处当差的满族官员结交，进而请托帮忙代办打点私人事务。但是事涉森严宫禁，稍有不慎，往往牵连多人。例如嘉庆二十年七月发生的一起宫廷弊案中，便与林爽文一案的逆犯后嗣林表、林显兄弟两人有重大关系。林爽文事件发生时，林氏兄弟因为年纪幼小，没被牵连连坐处死，而是被解送至北京阉割，充当宫中太监内侍。九死一生的情况下，兄弟二人存活下来。随着时间流逝，在宫中当差的两人，渐渐有了人脉。不过，因为一时得意，林家兄弟触犯了太监不得与官员私下往来的禁规，犯了宫中大忌，引起一连串的事件。

　　综合相关证词，我们从中可以得知林氏兄弟的人际网络相当绵密。兄弟两人多年来在紫禁城和圆明园澄心堂等处当差，结交了也在宫中当差的二等侍卫林寅登、三等侍卫关敏、郎中吴春贵、候补主事普琳，以及在圆明园当差的内务府官员外郎庆琛等人。林氏兄弟利用这些人脉关系，照顾家人，并托他们转带家信物品，帮忙打点家中大小事情。[3]

该起宫廷弊案，因为牵连人数众多，引起了嘉庆皇帝的高度重视。毕竟净身入宫多年的逆犯后人，照理应当安分守法，谨守分际，可是林氏兄弟却私下四处结交宫中侍卫，甚至内务府官员。这种行为严重触犯了宫中禁例。因此，嘉庆帝特有旨意，太监林表、林显两兄弟，以及其弟林妈定，均照"与内官互相交结，泄漏事情，夤缘作弊律"，判以"斩监候"，酌期审明实情办理。

此外，林氏兄弟的房产也都被查抄入官。二等侍卫林寅登则因为私下与太监林表往来，被判发配新疆伊犁。内务府员外郎庆琛因为曾赠与林显布匹纱料，降职为主事。而内务府正黄旗护军统领阿克当阿，也因与林显相互馈送物品与银两，罚降为内务府郎中顶戴。[4]另外，候补主事普琳也因为与林妈定往来，并曾在苏州赠付银两30两，降职为笔帖式。[5] 在清朝档案中保存有相当详细的案件始末，台北故宫博物院典藏《嘉庆朝宫中档》保存有澄心堂太监林表口供供单一份。[6]

太监的逃亡与自戕案件：疯迷、投水、金刃伤

宫中生活不易，或许因靠近权力中心，所以精神压力特别大。太监们年老后出宫更是无依无靠，不堪宫廷生活的无奈悲苦，不少人无奈之下，偷跑出宫，想办法另觅生路。据《内务府则例》的记载，清朝时许多太监往往装病，弃职逃回家中，就不再回皇宫中当差办事。或者私下改换姓名，再至京城各个王府当差，甚至跑回原有的王府主人家中，也多有所见。《宫中档》《内务府奏销档》《内务府奏案》等清朝档案也记录了不少宫中太监犯罪的满汉文档案记录，有偷盗宫中金银财物首饰，也有携带赃物逃出宫外者。

举例来说，有的案例中太监私下偷盗宫中银两、香供松石、珊瑚珠串等物，再找机会逃到宫外与家人会合，由

家人代为藏匿赃物。例如《军机处档·月折包》便记载了乾隆十七年三月九日，直隶总督方观承奏报宫中太监马升趁机盗取宫中银两、松石，以及珊瑚珠串等物，逃出宫外，并携带赃物交给家人亲友藏匿。后来东窗事发，太监马升与家人被捕下狱治罪，在他的家人住所里搜出的数串松石珠串，一并上缴。[7]

类似追捕与查缉逃亡太监的案例颇多，清朝档案也保存了许多逃跑太监的口供供单。台北故宫博物院典藏的《军机处档·月折包》便有记录：乾隆十七年五月二十二日河南巡抚蒋炳奏报盘获太监程贵一案，随案并附有太监程贵的口供供单一份。[8]同类案件并不少见，例如：乾隆二十四年元月二十九日兵部右侍郎阿尔泰向朝廷奏报缉拿逃走太监赵德一案；乾隆三十四年七月二十日，陕西巡抚勒尔谨奏报擎获脱逃太监刘进玉解交内务府一事，同件奏折中还附有太监刘进玉供单一份，提供了较为详细的口供内容。[9]

类似的案件还有嘉庆二十一年九月二十四日，山东巡抚陈预奏报拿获在逃太监孙如玉一案。案件的善后处理与处罚条例是，逃亡的太监在被查获后，会先押赴京城，之后再被送至内务府审讯，并究办治罪。逃亡的太监多半依照"监犯越狱之例"，究责定罪。例如乾隆四十六年八月初四，管理内务府大臣永瑢奏报拿获逃走太监张福并治罪一案中，太监张福便是依照"监犯越狱之例"，议处定罪。内务府处理此类案件非常严厉，更鼓励彼此举报，凡是协助官府拿获逃跑的太监，都可以因功领赏。

此外，没有能力偷跑，但又对生活绝望的宫中太监、宫女有些会选择在西华门附近、内务府衙门一带投河或投湖。因此《刑案汇览》中亦记载有专条"禁城病迷自戕无亲属治罪例"，这个条目所指就是那些多有疯迷，而于绣漪桥或昆明湖投水自尽的宫中人。除了投湖外，清朝档案也记载宫中太监在御花园自缢的案子。[10]

生生死死，来来去去，太监生活在这一座座的皇家园林中，看似雅致华丽的紫禁城御花园，却也是许多太监在绝望中自缢身死的场所。有机会逃跑的太监则往往会先往京城的西面逃去，从这面逃多半都会经过现在的"中关村"一带。事实上，现今科技新贵聚集的"中关村"，在明清两代是用另一种名称出现在历史中的，那时的地名叫"中官屯"。所谓"中官"，即"太监"的雅称。

"中官屯"作为明清两朝许多年老离宫太监的最后落脚处，又或太监死后入土为安的墓地。也因此，太监逃亡需要熟人接应帮助时，大多会往这一带逃逸。北京海淀区中关村一带，清代也还设有一个"恩济庄"，也是收留恩济年老太监在宫外颐养天年的处所。北京著名的八宝山墓园区，则是明清两代太监近侍的主要墓地，留有不少的墓碑、墓园遗址。

《宫中档》《军机处档》《内阁大库档案》中都记载了不少太监逃跑的案子。正由于逃跑的太监人数众多，乾隆年间曾向各亲王府征募在王府里执事的太监以填补宫中人事缺口。

这些出身亲王府的太监们，来源更为复杂，多半是京城四邻地区的穷苦人家，因此个性也较为强悍，在当差办事的过程中时常有所过失。但由于皇家日常生活需要大量人力供差，处理杂务，尽管知道也许会产生问题，依旧引进这些来自王府的太监，作为劳务人力的补充。

这确实也为嘉庆十八年天理教攻入紫禁城的乱事，埋下伏笔。天理教乱事件里，追究宫中作为乱民内应的太监，便会发现，他们许多便是这些原本在王府当差的太监。这些王府出身的内官，原本就较为强悍，且与民间往来密切。另一方面，这些不同出身的王府太监也不太能融入宫廷中的严格规矩，在互动不佳的情况下，或许也埋下了日后反叛的种子。

台北故宫博物院典藏的《林案口供文件》清楚记载嘉庆十八年天理教乱事里，曾在宫中果房任事太监杨进忠是如何加入天理教荣华会的经历。杨进忠在口供中说道：

> 我本姓赵，继与杨姓为子，二十五岁时充当太监在果房当差。嘉庆十四年上，因盟弟林四给我治好了病。林四原是荣华会中人，引我拜李潮佐为师，习红阳教。我一家人，大哥赵大，即赵廷桂，兄弟赵三与继子赵增都入教的……我每年四月初一到马驹桥张大家做会，张大的兄弟、儿子都是教中人……本年六月间有李潮佐的师傅刘三与林四到我家内炕上，围着炕桌，四面坐着刘三，同林四商量，说要起事，……到九月十五日，要我带领教中人进西华门内起事……[11]

杨进忠加入天理教，起因于林四帮他医治好了疾病，由此引领他拜师入教。透过太监杨进忠的口供，我们才知道宫中人的宗教信仰其实比一般人想象的还要多元丰富，他们也有对宗教理想世界的深切渴望。[12]

事实上，清代宫廷中的生活并不容易，宫中规矩繁多，导致了宫中生活更加苦闷。《刑案汇览》中也保存了不少案例，使我们得以一窥宫中人生活的点点滴滴。例如"宫中忿争"等相关条目下，即收录有不少宫中人生活的记录。

民间宗教信仰：太监宫人们的心灵寄托

嘉庆十八年天理教攻入紫禁城的事件发生后，清朝官方曾将相关口供档案，整理汇辑成《林案供词档》。通过这份档案，我们多少可以用不同的角度来观察宫中人所信仰的天理教——一种盛行于乾嘉时期的民间秘密宗教。如果以现代的眼光来看，天理教这类秘密宗教的教首与头目，就是地方知识创造者，以及另一种形式的地方精英。他们作为宗教意见领袖，在地方乡里信徒之中，有着巨大的影响。

教首们在农村聚落里拥有大批信众的信服与支持，获得了乡里社会的实际控制力与经济实力。因此在逐渐扩张后，由一村乡里聚落的信仰，渐渐扩展至京城，甚至对紫禁城中的太监宫人也有了一定的影响。

整个《林案供词档》所提供的正是嘉庆十八年直隶宛平县宋家庄的一个地方知识样本。供词里提供的不只是谁是邪教信众与叛乱分子而已，更在行文描述里，提供了一个清朝中叶农村社群内的世界观与知识体系的真实样貌。例如林清在口供中所提及的世界观就是一个很好的例证。[13]我们从林清的口供可以得知宋家庄一般民众的世界观和想法，以及农村百姓对于自然天象变化的思考。这种来自民间秘密宗教的思想资源，形成了宋家庄这个农村社群对外在世界的各种体悟与心灵感受。

若从宗教世界观的角度来看，民间秘密宗教的"劫变"思想是宋家庄这个聚落里天理教信众所认同的世界秩序。这个秩序由青羊、红羊、白羊三劫应变思维构成。孔圣人、张天师，所对应的天王、地王人物形象其实都只是神圣偶像，并非地方实际政治权力的象征。其中凝聚着信徒的世界观与价值观，它们来自多种多样的思想资源，呈现出民间信仰的丰富与多样性。[14]

此外，职掌总领七卦的李文成，与总领八卦的林清，二者之间有着有趣的对照。李文成是人王，掌有天下，但是身为总领八卦的林清，却以成为孔圣人与张天师为目标。天王、地王、人王的说法，配合三劫应变的思想，构成了宋家庄天理教信徒的共同理想形式。

从对天象的观察和对历法的采用来看，宋家庄的天理教信徒并不支持官方改订的历书，转而认可林清所提出的闰八月中秋的应运起事，甚至隐隐约约配合着民间普遍传说的中秋节"吃月饼、杀鞑子"的传统掌故。清朝中央政府所改订的闰八月，虽然改动历法，直接跳过闰八月，将时宪历记月份，略加调动到九月。

但是对林清等宋家庄天理教众而言，月份的认可来自林清所言及的《天书》。《天书》提供的片断经句，更成为了整个民间起事动员的媒介。清朝国家秩序直接投射在地方聚落的象征物，包括历书与孔子的形象，都被林清做出了全新的解释与引用，创造出全新的地方知识。我们可以说，这类民间信仰提供了一种新的知识，新的价值观，同时也影响了许多宫中人的信仰。

延伸阅读

1. 台北故宫博物院藏，《林案供词档》嘉庆十八年九月，文献编号：625000001。

2. 台北故宫博物院藏，《林案供词档》嘉庆十八年十月，文献编号：625000002。

3. 欧大年（Daniel L. Overmyer）著，刘心勇等译，《中国民间宗教教派研究》上海：上海古籍出版社，1993。

4. （清）昭梿，《啸亭杂录》台北：新兴书局，1979。

5. 马西沙、韩秉方著，《中国民间宗教史》，北京：中国社会科学出版社，2004。

6. 庄吉发，《真空家乡：清代民间秘密宗教史研究》台北：文史哲出版社，2002。

注释

1. 清代昭梿《啸亭杂录》卷一"不用内监"条下记载："自世祖时，殷鉴前代宦官之祸，乃立铁牌于交泰殿，以示内官，不许干预政事。纯皇待之尤严，稍有不法，必加鞑楚。又命内务府大臣监摄其事，以法周官冢宰之制。凡有预奏事者，必改易其姓为王，以其姓众多，人难分辨，其用心周详也若此。有内监高云从素与于相交善，稍泄机务，上闻之大怒，将高立置磔刑，其严明也如此……"参见：（清）昭梿，《啸亭杂录》，台北：新兴书局，1979。

2. 参见：台北故宫博物院藏，《军机处档·月折包》，文献编号：052713，嘉庆二十二年八月二十一日，审明擅寄书信之内左门太监王幅受由；台北故宫博物院藏，《军机处档·月折包》，文献编号：052712，嘉庆朝无年月折件，太监王幅受寄天津县信一封其余三封辞意与此相同；台北故宫博物院藏，《军机处档·月折包》，文献编号：052711，嘉庆朝无年月折件，太监王幅受之母寄王幅受家信。

3. 根据《刑案汇览》"交结近侍官员·缘坐逆犯充当太监夤缘滋弊"条下便详细记载此案的详细始末。文献中记载："林表、林显以逆犯子嗣阉割充当内监。林表于伊戚刘碧玉托办噶玛兰业户一事，虽未应允，惟容留外省奸徒在福园门外花洞住宿，私相馈送，致将大内缮单、戏单被其携回台湾，情同泄漏。林显又信恁盐政织造资助伊弟林妈定盘费，往来原籍，以致刘碧玉等艳羡声势，来京请托。林妈定本系逆犯林达之子，林达犯案后始将该犯继与堂弟林琴为嗣，漏网未经缘坐。兹复来京娶妻卢氏，欲为林达立后。并将刘碧玉所与噶玛兰田簿交林寅登探听，设法打点。并将缮单、戏单令刘碧玉带至台湾，种种狂悖。林表、林显、林妈定均应比照与内官互相交结，泄漏事情，夤缘作弊律，俱拟斩监候。林表应请旨即行正法，以昭炯戒；林显、林妈定归入朝审情实办理。林寅登以现任二等侍卫，与林妈定往还，并将噶玛兰田簿交伊设法办理，并不实时送官究办，转将田簿携回。林寅登应于林妈定斩罪上减一等，拟流。郎中吴春贵代林妈定稍带家信，尚无不合，其与太监林表往来，写信借马，应照违制律杖一百，业经革职，应毋庸议。庆琛在圆明园当差有年，与林显熟识，曾给纱料一件，未经收受。三等侍卫关敏前赴扬州时，林显托带信物，并未携交，均无不合，应毋庸议。徐综观、王定栋讯无代刘碧玉营谋情事，其带寄书信尚无不合，应免置议……"参见：《刑案汇览（三编）》，册一，"交结近侍官员·缘坐逆犯充当太监夤缘滋弊"。

4. 参见：台北故宫博物院藏，《嘉庆朝宫中档奏折》，文献编号：404019327，嘉庆二十年七月十五日，奏覆与太监林显相互馈送物品与银两之经过并自请交部治罪及罚银事；台北故宫博物院藏，《嘉庆朝宫中档奏折》，文献编号：404019594，嘉庆二十年八月十七日，奏谢因太监林显案蒙恩宽厚将奴才降为内务府郎中顶戴。

5. 嘉庆帝对于此案审理议处的相关旨意如下："嘉庆二十年七月十六日奉旨：此案林表、林显、林妈定均系台湾逆匪林达之子，例应缘坐。林表、林显因年未及岁，解京阉割充当内监，本属免死之犯，理宜安静守法。乃唤令伊弟林妈定来京，又擅留伊戚刘碧玉在花洞居住，将大内缮单、戏单听其携至台湾，借势招摇。林妈定漏网，幸免缘坐。林表等辄为娶妻，冀图生子延后。林妈定复将刘碧玉留给噶玛兰田簿托人打点。种种不法，林表、林显、林妈定均着照律斩监候，归入本年朝审情实办理。已革侍卫林寅登身系职官，与林表等往还，并将林妈定所交噶玛兰田簿携回寓所，不行送官究办，仅拟杖流，尚觉轻纵，林寅登着改发伊犁，俟刘碧玉等解到质讯，再行发遣。已故织造和明之子内务府员外郎庆琛曾给林显纱料，候补主事普琳于林妈定过苏州时付给银三十两，均属不合。庆琛着降为主事，普琳着降为笔帖式……"参见：《刑案汇览（三编）》，册一，"交结近侍官员·缘坐逆犯充当太监夤缘滋弊"。

6. 台北故宫博物院典藏《嘉庆朝宫中档奏折》中甚至保存

有澄心堂太监林表的口供一份。参见：台北故宫博物院藏，《嘉庆朝宫中档奏折》，文献编号：404019459，无年月折件，澄心堂太监林表供单（口供单）。

7. 台北故宫博物院藏，《军机处档·月折包》，文献编号：008046，乾隆十七年三月初九，咨覆为太监马升盗取香供松石珊瑚等件一案缉获其家属起出数珠送缴情形。

8. 台北故宫博物院藏，《军机处档·月折包》，文献编号：008450，乾隆十七年五月二十二日，奏报盘获太监程贵事（附件：太监程贵供单）。

9. 台北故宫博物院藏，《军机处档·月折包》，文献编号：010362，乾隆三十四年七月二十日，奏为拿获脱逃太监刘进玉解交内务府由；台北故宫博物院藏，《军机处档·月折包》，文献编号：010496，乾隆朝无年月折件，太监刘进玉供单。

10. 参见：《刑案汇览（三编）》，"禁城病迷自戕无亲属治罪例"。

11. 参见：台北故宫博物院藏，《林案口供档》（嘉庆十八年九月），00047–00050页。

12. 参见：台北故宫博物院藏，《林案供词档》，嘉庆十八年九月，文献编号：625000001。台北故宫博物院藏，《林案供词档》，嘉庆十八年十月，文献编号：625000002。

13. 林清在供词中说道："我先二入教，原希图敛钱，后来因我会说话众人推我掌教，又后来出了卦，就总领了八卦。那滑县的李文成，除坎卦外，七卦俱是他领的。七卦内有事，李文成须报我，我又见拢的人多，就起意谋逆。我们推算天书弥勒佛有青羊、红羊、白羊三教。此时白羊教应兴。众人说我是太白金星下，又说我该做天王，有卫辉的冯克善该做地王，李文成该做人王。将来事成后天下是人王的，天王、地王就如同孔圣人、张天师一般。天书上又说：'八月中秋，中秋八月黄花满地开放。'我们想今年该闰八月，这九月十五，正是第二个中秋合该应运。所以与李文成约定在九月十五日起事，彼此聚会。我愿须先布置，叫陈爽、陈文魁带了一百人分路先进紫禁城……"参见：台北故宫博物院藏，《林案供词档》，嘉庆十八年九月，文献编号：625000001，0005–0008页，嘉庆十八年九月十九日，"林清供词"。

14. 参见：台北故宫博物院藏，《林案供词档》，嘉庆十八年九月，文献编号：625000001，0005–0008页，嘉庆十八年九月十九日，"林清供词"。

"宫女"，有时在文献记载中也被称为"宫娥"，清朝满文档案里使用的对译为"gurung ni sargan juse"，也就是"宫殿中的女孩子"。相较于太监的满语只是音译为"taigiyan"，"宫女"一词在文字上似乎比较贴近清代宫廷日常生活。[1] 这些在宫殿中生活的女子，的确是在很年轻的时候就被选入了宫中当差。"选秀女"的过程，许多清宫剧都有相当细致的描写，但事实上究竟是怎么回事呢？依照相关史料文献的记载，清代宫女是从内务府一年一度的选秀中，在三旗包衣（即"镶黄旗""正黄旗""正白旗"三旗辖下的包衣）中 13—15 岁的女孩子里面特别选拔出来，成为"宫女"进入宫廷之中。

这些宫中人的来源看似单纯，但事实上包括了内务府上三旗包衣各种成员，她们是依靠皇权而生存的团体与政治势力。[2] 另外，清朝在入关前的军事进攻中，也曾掳掠不少朝鲜裔女子，但并没有如元明两朝一般形成了常规的"贡女制度"。[3] 相较于以秀女充实后宫，清代内务府的宫女选择，多半是为了挑选在宫廷执行礼仪事务的女官、仆役人力等职务需求。偌大的宫廷中，除了杂务，还有许多繁琐的仪式典礼，这些都需要"女官"与"官女子"的协助。例如在各种皇家册封典礼仪式中，宣念册文的都是宫中女官。

资深老宫人："内廷姥姥""管家婆婆"与"妈妈里"

清朝继承了明代的宫廷制度，也有部分变革的地方。明代宫廷中的女官制度也有相当严格的规范，但学识教养、人生际遇往往都会影响到一位宫女在内廷地位的升降。学者们普遍认为明代宫廷中宫女的流动性较大，女性在其中地位上升的机会也比较多。

根据史料记载，明代以来不少颇具学识的官员家庭会将女孩送入宫中，使其担任女官的职务，有些人专门负责后宫中7个局司的各项行政工作。另外，还有许多女子以不同的方式进入宫中，并被分配到各宫殿，服侍特定的皇室成员，或者从事洒扫等杂役事务。而她们丰富的知识与出色的能力可以是向上晋升的重要条件。一般而言，宫廷中的宫女，以及太监，可以说有为数不少的宫中人经由持续学习，培养专门的才能，进而爬上内廷顶峰职位。[4]

大体而言，因为工作能力受到朝廷的肯定与认可，年长的女官便有机会成为宫中的资深宫女，这些宫女在文献中有时称为"内廷姥姥"，一般也称她们为"姥姥"，或写作"老老"，或"婆婆""老太"。而这群姥姥中能够服侍皇帝，每天清晨为皇帝栉发梳头的老宫人，在宫中的地位是最尊荣的。

根据清朝沈元钦在《秋灯录》中的记载："宫女与帝栉发者为最尊，称'管家婆'。"这些管家婆婆们在宫中各殿服务，平时约束各宫宫人的言谈举止。[5] 其中地位较高的"大管家婆子"在服饰上也与一般宫女不同，她们会将"发髻"盘于顶上，两旁装饰金珠钗钏，再于一端用黑纱罩盖，用以和宫中妃子有所区别。仅由服饰一项，便可看到各宫管家婆婆身份的尊荣。明代中叶以来，也有些说法认为所谓的"老老"意思，其实就是"供奉之老""老于事者"，以及"年之老者"，但总而言之，都是宫廷中对于老宫人的一种美称。

这些资深的宫女们成为"管家婆子"后，便会负责督导宫中某一个宫殿的行政事务，或是全权负责管理公主府，这样，身份地位与相应的权力也就会提升。另外，宫女们若是照顾养恤皇子，立有功劳，待到皇子成年即位之后，便常会被恩赐"夫人"的头衔称号，这时原本的宫女身份便顿时尊贵无比，地位可以说是仅次于后妃。另外，宫中女官向上晋升还有另一种重要机缘，那便是在宫中突然受到皇帝临幸，而进入后宫妃嫔之列，甚至进而有了身孕，身份自然立刻荣贵。

不过，宫女出身而位列妃嫔，因为出身不好，在内宫妃嫔中常被刻意冷落，甚至遭到闲言中伤与私下排挤。至于宫人犯错受罚一事，明代宫女受到惩罚，除了工作上的各种失误之外，也牵涉到了后宫妃嫔贵妇间的各种权力争斗。往往失宠或被逼死的妃嫔，除了自己遭遇不幸，所属的宫女亦多连带受害。福祸相倚，际遇起伏，宫中生活的黑暗面往往伴随着向上晋升的机会而来。[6]

历史学者曾经根据文献，来分析明清宫廷中女官与各宫宫人的总人数。明神宗时期曾有文献记载，提到宫女人数约略为 1500 人左右。此后，顺治二年闰六月初四，多尔衮曾经询问大学士有关明廷宫女人数的情况，相关的奏报中则提到了宫女约为数千人。[7]明世宗嘉靖十年大内东所发生火灾，明世宗曾经在相关文献《火警或问》中提及"宫中地面狭窄，房屋重迭，宫人有三四人止一房者"。[8]中研院研究员邱仲麟研究员分析，认为若以 4 人住一房来推论，嘉靖末年宫女人数约为 2600 人，需要住房 650 处。[9]但综合各方面史料文献评估，并同时考虑到紫禁城的居住空间，以及各宫太监的人数，估计紫禁城中宫人们的总数应该很难超过 3000 人。

康熙二十九年正月，大学士曾经奉旨清查宫人与他们平时所用物品，在奏报中特别提到紫禁城各宫宫女人数详细情况：慈宁宫、宁寿宫外，乾清宫妃嫔以下，各种"使令老媪""洒扫宫女"等宫人，合计有 134 人，数量甚少。乾隆年间《国朝宫史》也记载过皇太后以下各处宫殿的宫女配额人数的具体情况，例如在皇太后处服侍的宫女为 12 名、皇后宫中则为 10 名，皇贵妃配有 8 名、贵妃亦配有 8 名宫女。此外，妃嫔等处也配有 6 名宫女，贵人处配有 4 名，常在处配有 3 名，答应处也配有 2 名。

除此之外，单士元先生曾在《故宫史话》中提到清代宫廷中除了宫女之外，还设有"妈妈哩"一职。所谓的"妈妈哩"，有时在档案中也有写作"妈妈里"，其实是满语"mamari"的音译。[10] 日本学者羽田亨先生编著的《满和辞典》与山田恒雄先生编著的《满洲语文语辞典》中，便有解译"mamari"是"mama"的复数形式。"mama"一词除了指"祖母"以外，此字还有"老妪"的意思，也是对于年长女性的一种尊称。因此，所谓的"妈妈里"（mamari），满语中的意思就是"老妪们"，也就是年长的资深宫女。

明清易代之后，宫廷之中虽然职称有些变化，但是管家婆婆、妈妈里这一类年长宫人们依然在宫廷生活中扮演着重要的角色。通过档案文献的记录，我们可以看到清朝皇帝对于照顾其生活起居的"妈妈里"，也是相当礼遇照顾，多有恩赐封赏。[11]

"斋戒牌子"与"宫廷规矩"

清朝宫廷中有许多祭祀典礼，包括祭天、祭社稷坛、祈雨、亲耕、亲蚕，以及佛事祈福等，在这些大大小小的祭典仪式前，除了皇室成员以及文武百官需要斋戒外，宫人们也要一同斋戒，在饮食与生活举止上都要遵守规矩，安守本分。为了提醒官员与宫人注意斋戒期间的言谈举止，据说雍正皇帝特命将原来悬挂在宫中的斋戒木牌，依照尺寸缩小，制作成可以配饰在身上的"斋戒牌"（满语写作bolgomi targa），让宫中人等可以佩戴在胸前心口处，时时提醒，莫忘要在斋戒期间，修养心性。[12]

演变到后来，"斋戒牌"成为一种在宫廷中很普及的佩戴饰物，材质有白银、珐琅、鹿角、象牙、玉石、木质等，造型也不全然是方方正正的牌状样式，而有了葫芦、莓果、云绞等形式。通常在一面上刻有汉文"斋戒"，另一方则是刻有满文的"斋戒牌"字样。这在宫中虽然只是一种常见的饰物,但却是宫廷规矩的象征。生活在宫中,一言一行,都要合乎规定,不要逾矩,也不能任性而为。

除了在宫中当差之外,另外被分派到亲王府、阿哥府中服侍亲贵的"官女子",平时多半得协助处理王府中的大小差事。据《内务府奏销文档》记载,若是遇到阿哥府中福晋陪嫁的使女人数不足的情况,内务府也会派出"官女子"补足数额,进入王府负责担任福晋使女,伺候王府福晋的日常生活起居。原先在内务府登记在册的记名女子,一经派入王宫当差,也一样得依照规矩过日子,安分守己,勤于差事。[13]

但若是有幸得到了皇子阿哥的恩宠,而且又孕生皇孙,因子而贵,也能晋封成为皇子阿哥的侧室福晋。例如道光皇帝登基即位前,他的母亲原来是在潜邸的侧室福晋,即府中服侍的那拉氏"官女子",后来因子而贵,被封为和妃。其余的情况中,宫女只有因为染患疾病,才会依例退出宫外。例如:台北故宫博物院典藏的《光绪朝军机处档》中,便记录有内务府大臣世续奏呈总管太监,寿东宫、寿西宫各有一名女子因病离开宫廷的相关事例。[14]

来自朝鲜的义顺公主

　　明清时期有不少宫人来自朝鲜，虽然研究上多半认为朝鲜贡女制度只延续到清初，但是这些来自朝鲜的身影，其实在历史文献中一直若隐若现，让人多少可以发现一些相关的线索。

　　例如《明英宗实录》记载的一则关于"放归朝鲜国妇人"的事件。《明英宗实录》卷二，宣德十年三月初一记载："放朝鲜国妇女金黑等五十三人还其国。金黑等自宣德初年取来，久留京师。上悯其有乡土父母之念，特遣中官送回，且谕其国王悉遣还家，勿致失所。"宣德十年元月宣宗崩逝，英宗即位，次年才改元，所以应是时年九岁的小皇帝即位后的谕令，放归宫中的朝鲜妇女。校勘记中写到有作"金鱼"者，也有写作"金黑"者。[15]

　　而清初宫廷之中也有来自朝鲜的宫人，不过直接的史料文献不似明代丰富。只能根据法国传教士Claude Charles Dallet 在 19 世纪撰写的《朝鲜事情》，获得一些侧面了解：时至清代，朝鲜每年向清廷进贡 3000 位女子。但是否有官方文书，可供佐证，目前仍有争议。我们或许可以把这视为一种侧面的域外记录。

宫中人的来源，除了来自京城邻近地域的穷苦人家，有些可能来自朝鲜域外的呈贡。例如，清初"义顺公主"就是个很好的例子。清初多尔衮向朝鲜王室求娶公主，当时李朝孝宗皇帝便将宗室锦林君之女出嫁，作为权宜之计，此女即为"义顺公主"。

后来多尔衮亡故，义顺公主改嫁给和硕端重亲王博洛为妃。但是博洛后来又病故，义顺公主便寡居于京城。顺治十三年，公主的父亲锦林君出使清朝，便向朝廷提出请求，希望可以将女儿送返朝鲜故国。根据朝鲜实录中的记载，公主返国后，颇有优礼。

康熙元年，义顺公主亡故，朝鲜官方丧礼所需从优筹办。锦林君则因为不合两国文书往来的规定，私自呈文，向清朝索还公主一事，因此被弹劾，削夺官爵。公主虽然平安返国，但是锦林君却被削去官爵，受到处罚。人生波折重重，总让人觉得这一个充满悲伤的故事，可以说是明清两朝宫中人的写照。人身在世并不自由，来来去去，往往是天意作弄，无可奈何。

延伸阅读

1. 邱仲麟，《明代宫人的荣与辱：从职业妇女社会流动的角度切入》，《故宫学刊》（2014），总第十二辑，91—125页。

2. 邱仲麟，《阴气郁积：明代宫人的采选与放出》，《台大历史学报》（2012.12），第五十期，33—107页。

3. 邱仲麟，《庸人自扰：清代采选秀女的讹言与社会恐慌》，《清华学报》（2014），新四四卷，第三期，419—457页。

4. 定宜庄，《满族的妇女生活与婚姻制度研究》，北京：北京大学出版社，1999。

5. 朱子彦，《后宫制度研究》，上海：华东师范大学出版社，1998。

注释

1. 参见：安双成等编著，《汉满大辞典》，320 页，"宫女"、"宫娥"条。另可参考日本学者山田恒雄，《满洲语文语辞典》书中的相关词条。

2. "包衣"，即满语中的"booi"，也就是家中奴仆之意。清朝皇帝常指派这些包衣奴仆来协助处理各种事务，例如派遣包衣协助处理宫廷的各种杂役，管理宫廷各种日常运作的相关事务等。

3. 参见：喜蕾，《元代高丽贡女制度研究》，北京：民族出版社，2003。

4. 参见：邱仲麟，《明代宫人的荣与辱：从职业妇女社会流动的角度切入》，《故宫学刊》（2014），总第十二辑，91–125 页。

5. 参见：（清）沈元钦，《秋灯录》（台北：新兴书局，1980），6364 页。

6. 参见：邱仲麟，《明代宫人的荣与辱：从职业妇女社会流动的角度切入》，《故宫学刊》（2014），总第十二辑，91–25 页。

7.（清）佚名，《多尔衮摄政日记》，（北京：故宫博物院，1933），顺治二年闰六月初四条，4a 页。

8. 参见：(明)明世宗朱厚熜撰,《火警或问》,台南县：庄严,据北京大学图书馆藏明钞宸章集录本影印,1996。

9. 参见：邱仲麟,《阴气郁积：明代宫人的采选与放出》,《台大历史学报》(2012.12),第五十期,33–107页。

10. 参见：羽田亨,《满和辞典》,298页,mama与mamari条下注释；山田恒雄,《满洲语文语辞典》,590页,mama与mamari条下注释。

11. 参见：《史语所藏明清内阁大库档案》,文献编号：209213-001,道光三十年七月,礼部为嬷嬷妈妈里等应封字样事；《史语所藏明清内阁大库档案》,文献编号：141417-001,同治一年二月二十八日,礼部为转查移会内阁典籍为此次皇上位下妈妈里可否照例封赏夫人等事。

12. 相关满语字辞可以参见：羽田亨,《满和辞典》,49页。

13. 参见：中国第一历史档案馆,《内务府奏销档》,乾隆三十一年六月二十五日,第二八一册,微卷104页,十二阿哥福晋使女补拨事。

14. 参见：台北故宫博物院藏,《军机处档.月折包》,文献编号：143755,光绪朝无年月折,世续等奏因总管太监报寿东宫寿西宫各有女子一名因病退出。

15. 参见：《明英宗实录》,卷二,宣德十年三月初一。

第十三章

如梦似幻话当年：
明清宫廷职人的回忆录

　　现代人偏爱历史改编的浪漫剧情，或是勾心斗角的连环心计，这却不一定是宫廷生活的真实写照。宫中人的生活往往在一些回忆录的片段中，才留下了极为动人的吉光片羽。此篇我们将谈到宫廷回忆的一种全景式概观，由宫中人的亲身经历出发，透过这些宫廷职人笔下的文字，带我们走入他们的人生经历与体悟。在那里，我们可以看到很多真实的生命际遇，繁华富丽中，往往有些落寞孤寂，留给后世研究者们"如梦似幻"的沧桑之感。

　　例如《酌中志》，这是一本明代宦官所写的关于宫廷掌故见闻的特殊作品，后世对明代宫廷的许多理解，多半出自此书。书中很多所谓的宫中秘闻，甚至是传说，时常是许多文艺创作的源头，但其实许多情节与背景描写却与宫中人的实际生活相差甚远。虽然书中所描述的生活有如异境，似乎熟悉却有着许多本质上的不同，但是细细读去，依然让人动容。

《酌中志》：刘若愚笔下的明代宫廷生活

《酌中志》，又称为《酌中志略》，作者刘若愚出生于北直隶延庆州。他的家庭背景，父亲是位武将，曾官至辽阳协镇副总兵。照理来说，这样的家世应该子继父业，担任军职工作。但刘若愚却在 16 岁时做了一场奇特的梦，梦醒后颇有感应，因而自宫净身。[1]

后来，刘若愚在万历二十九（1601）时入宫，并开始在司礼监太监陈万化管辖下，专门负责抄写誊录等文书工作。天启初年，刘氏被魏忠贤的亲信李永贞等人调到内廷内直房中当差，从事文书相关工作。从这时开始他逐步与当权太监魏忠贤熟识，也开始知道魏忠贤等人平日的阴谋。但刘氏在内廷中为求明哲保身，不想投身政争，所以也不敢对外传讲，只好在宫中一边勤奋办事，同时却装作什么都不知道，继续过日子。同时，他也将自己改名为"若愚"。刘氏或许是为取"大智若愚"之意，想要在宫中权力争斗中巧妙地保护好自身安全，避免惹祸上身。但后来魏忠贤被官员们弹劾，刘若愚还是没有逃过，被牵连入罪，谪职到孝陵净军一职，负责看守陵墓。

崇祯元年（1628），朝廷在平反高攀龙等人被诬陷致死一案的时候，查出最初弹劾上疏的人，原来也是魏忠贤，是他将空白奏疏交与李永贞，再用苏杭织造李实的名义填写而成。此案被揭发之后，李永贞被处斩，而刘若愚也被以同谋治罪，并被判以斩监候。刘若愚在狱中为申明案情中的冤屈，将宫中见闻作为材料写成了《酌中志》，表明心志。

刘氏后来没有被立即处刑，而被关押在狱中，直至崇祯十四年（1641）前后，才被释放。刘氏《酌中志》书中的"内臣职掌纪略""大内规制纪略""内板经书纪略""内臣佩服纪略""饮食好尚纪略"几章都是专门记载宫中制度和生活习惯的。书中的"见闻琐事杂记"则是记载宫中见闻琐事。或许净身入宫一事，本来对刘氏而言就是绮梦一场，南柯黄粱，不过是梦幻泡影，如露亦如电。

综合各种官书文献记载来看，关于明代内侍太监的相关历史记录，其实并不少见，甚至还有许多太监的墓志铭存世，记载下这些宫中人的生活片断。但是由于后世研究者与社会大众对于宫人的印象多半不佳，或者认为太监近侍是传统帝制中特务政治的祸患，又或者认为国家的败亡祸乱多半因为宦者得权，倒行逆施，政治腐败，才酿成天下大乱。

因此，早期的研究多半由负面观感出发，相关史料的整理也较为有限。不过，近年来大陆学者胡丹先生所辑考的三大册《明代宦官史料长编》，整理了大量有关宦官的史料。通过这部史料长编，我们看到了《明实录》中有相关记录，甚至还有明代宦官的墓志铭，以及宦官们捐助佛寺兴修石碑的碑阴志记等。这些原本埋没在荒野蔓草中的石刻史料文献被挖掘出来，多少提供了一种不同的视角，看待宫中人的日常生活历史。时至今日，或多或少，我们都可以了解宫中人有着更为丰富的人生样貌，而不仅是刻板印象中的宦官乱政。这些宫中人的生命史也许在文献记录中不过是几段简略的文字，但仍然足够让我们对他们人生的各种际遇感同身受。[2]

晚清太监宫女们的回忆录

曾经在晚清宫廷中生活过的太监宫女在新中国成立后，有些人开始写下相关的回忆录。透过这些回忆，我们可以一窥宫中人的生活情况。这些回忆录从宫中人的角度，观察最高权力者的日常生活，同时也在不经意间留下宫中人的人生甘苦心得。例如：教育家与文艺工作者金易曾经与沈义羚合作，根据晚清宫人何荣儿的口述记录，进一步编著而成的《宫女谈往录：储秀宫里随侍慈禧八年》一书，便是一个例子。

何荣儿，这位曾经随侍在慈禧太后身边的宫女，她的人生可以说是许多晚清宫人的际遇缩影。何荣儿出身京城旗人，13岁时便被选入宫中当差，此后便在储秀宫里专门随侍慈禧太后。何荣儿的回忆录记载了晚清宫廷生活

紫禁城里很有事

的方方面面，正因为充满日常生活中的见闻，所以在分享宫中人甘苦际遇的同时，也写出了史料文献所没有的生命热度。

何荣儿所在的储秀宫因为要专门服侍太后老佛爷，所以订下的各种规矩也就特别严格。不仅要处理杂役打扫，还要伺候更衣梳洗，而且在繁重的工作同时，储秀宫的宫女还都得衣冠整齐，鞋袜洁新。

即便时至晚清，满族的语言文化依然在宫廷生活中扮演了重要角色。例如：慈禧皇太后的满文称号为"jilan hūturi hūwang taiho"，"慈禧"二字在满文中对译为："jilan hūturi"，"jilan"有"慈悲""仁慈"的意思，至于"hūturi"则有"福禧"之意。[3] 或许，正因为"慈悲"之意，老佛爷总是喜欢在宫廷摄影照片中扮作"慈悲为怀，救苦救难"的观音大士。而在慈禧太后身边随侍的宫人，的确在物质层面上也受到诸多照顾。善待侍从亲近之人，某一方面，这或许也是多年宫廷生活所积累的一种人生智慧。

18 岁时，何荣儿由老佛爷指婚，嫁给了总管太监李莲英的干儿子，一位刘姓的太监，婚礼风风光光，老佛爷恩赏八抬嫁妆，各样珍宝首饰一应俱全。只可惜双方没有深厚的感情基础，婚姻维持不长。婚后不久，何荣儿的丈夫便染了很严重的鸦片烟瘾，家庭生活每况愈下，很快地，她便离婚回到了娘家。[4]

但是相较于其他宫女、太监，这样的际遇其实并不算太差，人生的甘苦无奈有时多半是身不由己。晚清宫廷的生活景况，透过这些在新中国的口述访问，而能留下一些宫中岁月的吉光片羽，让人们可以在字里行间去寻觅那个已经逝去的大清帝国。

英国教师庄士敦的回忆录

明清宫廷中除了上述各章提及的内侍太监与宫女外，其实还有来自远方的传教友人，例如：耶稣会教士利玛窦、汤若望、白晋神父都有在宫廷中供职的记录。这些来自欧洲的耶稣会传教士原本都是以传教为职志，不远千里来到中国，宣扬天主教教义。但为了能够接触皇室成员，得到宫廷的支持与认同，传教士们多半得靠个人的专业技能在宫廷中担任技术官职，以博取机会。而透过他们的眼光，我们所看到的清代宫廷成员，也有了更多人性化的面向。

透过传教士的记载，我们得知清朝皇帝会用满语中的"祖父"一词，也就是玛法（mafa）来尊称这些神父们，例如：康熙皇帝就曾经用"汤玛法"来称呼汤若望神父，这个称号显得分外亲切，而且带有一种日常生活的亲近感受。如果说朝鲜的燕行使者提供的是一种域外文化的视野与观感，那么，这些来自欧洲的传教士，带来的则是另一种不同宗教与世界观所体会到的宫廷生活的观感。不同的文化，带来了不同的观察，让后世有更多不同的观察窗口，从中感受到不同的宫廷文化氛围。随着时代变化，传教士渐渐走入民间农村展开了他们的传教事业，而晚清宫廷中接着登场的，则是来自西方的另一种知识分子。

晚清宫廷中随着西学东渐，紫禁城所要面对的不仅只是列强的船坚炮利，还有来自远方异国的文化思想，甚至还包括一位来自大英帝国苏格兰的外籍老师——庄士敦（Sir Reginald Fleming Johnston, 1874–1938）。庄士敦作为爱新觉罗·溥仪这位末代皇帝的老师，毕业于英国牛津大学，早年曾经在香港殖民政府中任职，后来在1906年出任英国在山东半岛的殖民地威海卫的行政官员。其后应聘为溥仪的英语老师。他奇特的人生经历，让人好奇，也有如一扇窗口，让人得以一探晚清宫廷的真实情景。或者，我们该这样说，若是由外国帝师眼中来观察晚清的宫廷生活与末代皇帝，以及这样一座处在时局纷扰、危亡之际的紫禁城，则又是另一种不同的华丽光景。

电影《末代皇帝》便利用出现在溥仪身边的英国教师庄士敦，来象征西方力量来到了紫禁城，他教导着中国最后一位皇帝学习英文，骑自行车，玩网球，熟悉西餐礼仪等西方绅士生活必备教养。庄士敦在离开紫禁城后，1927年曾出任英国政府在山东半岛殖民地威海卫的总督，直到1930年10月1日威海卫归还中国，庄士敦才返回英国。

1931年，庄士敦开始在伦敦大学亚非学院担任教授，主要研究汉学，他在1938年于爱丁堡去世，享年64岁，并且写下了几本有趣的回忆录与小书，例如《紫禁城的黄昏》(*Twilight in the Forbidden City*)《龙与狮在华北的相遇》(*Lion and Dragon in Northern China*)。

其中，《紫禁城的黄昏》这一本将近500页的回忆录，被认为是研究与了解溥仪的第一手史料。庄士敦在这本书中详细介绍了清朝宫廷最后一段岁月，以及在辛亥革命爆发前后的所见所闻。庄士敦相当熟悉晚清宫廷中的重要成员，因此记载了晚清不少重要事件的始末。

这一本有趣的书后来多次再版，甚至成为了电影《末代皇帝》的剧本构想来源，也被翻译成日文，并在日本多次再版发行。不过，由于书中涉及不少晚清以来日本在中国的活动，所以一些日文译者对译文内容过度删节修改，引起不小的争议。

相较于溥仪的自传《我的前半生》，庄士敦笔下呈现的观察，更有一种若即若离的距离感，描述着大清帝国的最后岁月。古人诗句这样写着，"夕阳无限好，只是近黄昏"，紫禁城最美好的一幕，也正是最接近大清帝国走入黄昏的那一刻。

虚实之间的北京隐士：英国巴克斯爵士的虚构与回忆

英国著名史学家特雷弗·罗珀教授（Hugh Redwald Trevor-Roper, 1914–2003），毕业于牛津大学，1957 年获得英国皇室认可而被核定为该校现代史之钦定讲座教授

（Regius professor），其后又接任剑桥大学彼得豪斯学院院长（Master of Peterhouse, Cambridge）一职。他对英国初期现代史，以及德国纳粹史有相当独到的研究，撰有多本学术专著。

因为机缘巧合，这位英国权威史学家在其晚年对于收藏在图书馆中的英国贵族回忆录进行过系列整理研究。特雷弗·罗珀教授运用侦探般的考证方法，透过多方调查比对，完成了这本引人注意的专著《北京隐士：巴克斯爵士的秘密生活》（*The Hermit of Peking: The Hidden Life of Sir Edmund Backhouse*）。特雷弗·罗珀教授在书中提出他的看法，认为巴克斯爵士的回忆录，也就是《太后与我："北京隐士"巴克斯爵士回忆录》一书，其实只是一种虚构成分占大多数的文学创作，并且是多年巧妙构思的一场骗局。

但无论书中内容是否全然虚构，又或者是巴克斯爵士究竟有没有真的如同书中所描写的一般，过着那种浪漫神秘的生活，他仍然是一位在 19 世纪末 20 世纪初，长年生活在北京的英国贵族。他所架构的故事背景，其实就是许多往来出没于宫廷中的各种职人，或许也包括一些北京英国人的社群与街头巷尾的小道消息。而我们唯一可以肯定的是，在当时他便已经透过介绍清朝的纪实作品，在英伦享有盛名，可以说是那时候的中国通之一。

书中也许是不经意为之，透露出宫廷内外的各种细节。这些知识往往是中国人习以为常，或认为并不重要，但对外国人而言，却充满异国情调的新奇异闻。虚实之间，或真或伪，难以分辨，但产生这种作品的宫廷文化，其实才是最吸引人的神秘之处。

巴克斯爵士与其友人濮兰德（John Otway Percy Bland, 1863–1945）共同撰写过两本书：1910 年出版的《慈禧皇太后统治下的中国》（*China Under the Empress Dowager*），以及其后在 1914 年出版的《北京宫廷年鉴与备忘录》（*Annals and Memoirs of the Court of Peking*），这两本书在当时颇为畅销，盛行一时。《慈禧皇太后统治下的中国》被当时欧洲学界视为有关中国皇朝最后统治者的首部经典作品，西方世界的文人们甚至认为它是颇具权威的详细资料，时常作为重要参考内容来引述。

《北京宫廷年鉴与备忘录》中有关史实的精准、细节之生动易读，具有无法取代的魅力，而且就其内容而言，是一本始自明朝终至清朝的历代皇室所发生历史事件的纪实文选。这一本书可以说是在北京任职的西方外交官员，放置在手边随时参考的书。整体来看，这些纪实作品正是巴克斯爵士得享盛名的重要原因，但也成为他日后巧妙造伪，虚构故事的素材来源之一。

巴克斯爵士伪造文献，布局设计的东方离奇际遇，可以说是一场筹划多年的精巧设计。他曾在与友人的通信中，提及他写作与经手的各种晚清名人日记与回忆录，包括《景善日记》《李莲英回忆录》等。巴克斯爵士详细描述了这些文献的细节，并且还向友人提出邀请，希望利用这些珍贵手稿进行写作。

透过特雷弗·罗珀教授的研究，这些书信很多只能在巴克斯爵士的图书收藏中看到几页英文译稿。这些文献极有可能只是巴克斯爵士高明的文学创作之一，想要用来沽名钓誉，同时获取更多的金钱赞助与出版机会。但无论如何，这些来来往往的信件、各式各样的文稿，也让我们得以理解当时欧洲政治精英的心态。处在当时的政治情境中，这些欧洲精英多么渴望能够获得晚清中国的知识和情报，以及政治上各种秘辛传闻。因此，虚构的起因，或许只是欧洲大陆广大读者在知识猎奇上的特殊需求，而巴克斯爵士在其中发现了一些获取利益的机会。

至于巴克斯爵士回忆录中那些让人大为吃惊的情欲描写，也许并非是色情文学创作，或许我们该放在当时英国人对东方世界的想象，以及"东方主义"叙事框架来观察，这或许不是一种创作，而是一种故事的格式，让读者可以在一种熟悉的情景中进入古老中国的氛围，而不是在各种宫廷规矩与仪式中迷失方向，而且完全失去阅读的乐趣。

我们在阅读这些宫中人的记录时，的确会犯下一些错置的错误，把自身的情感与关怀嵌入这些叙事情节之中。或许，巴克斯爵士真正想写的是他在紫禁城中的见闻，以及古老中国的文化与日常生活。但很可惜的是这些支撑着神秘东方的背景知识，却时常在读者眼前呈现出最平淡无味的感觉与氛围。爵士的笔下虚实难分，但他所描述的异国故事，其实有一个宏大的宫廷文化背景。若换一种角度来阅读，由宫中人生活的点点滴滴着手，我们将会看到不一样的风景，听到不一样的历史潜流，并且感知到大清帝国在没落前，宫廷文化繁花似锦，但又逐渐陷于破败混乱的最终乐章。

延伸阅读

1. （明）刘若愚，《酌中志》，北京：北京古籍出版社，1994。

2. 胡丹辑考，《明代宦官史料长编》，南京：凤凰出版社，2014。

3. 埃蒙德·巴克斯（Sir Edmund Trelawny Backhouse）著，王笑歌译，《太后与我》［北京隐士］巴克斯爵士回忆录》（译自：*Décadene mandehoue: the China memoirs of Sir Edmund Trelawny Backhouse*），新北市：INK印刻文学，2011。

4. 休·特雷弗·罗珀（Hugh Redwald Trevor-Roper）著，胡滨、吴乃华译，《北京的隐士：巴克斯爵士的隐蔽生活》（译自：*The Hermit of Peking: The Hidden Life of Sir Edmund Backhouse*），济南：齐鲁书社出版发行，1986。

5. 林京编著，《晚清太监宫女掠影》，北京：紫禁城出版社，2002。

6. 庄士敦（Sir Reginald Fleming Johnston）著，惠春林等译，《紫禁城的黄昏》（译自：*Twilight in the Forbidden City*），北京：紫禁城出版社，2010。

7. 金易、沈义羚著，《宫女谈往录：储秀宫里随侍慈禧八年》，北京：紫禁城出版社，1991。

注释

1.（明）刘若愚，《酌中志》，北京：北京古籍出版社，1994。

2. 胡丹辑考，《明代宦官史料长编》，南京：凤凰出版社，2014。

3. 参见：安双成等编辑，《汉满大辞典》，页 152；羽田亨，《满和辞典》，248 页；山田恒雄，《满洲语文语辞典》，504 页。

4. 何荣儿的详细生平可以参见：金易、沈义羚著，《宫女谈往录：储秀宫里随侍慈禧八年》，北京：紫禁城出版社，1991。

为清朝皇帝们所倚重的藏传佛教领袖

佛教信仰对于清代皇帝甚为重要，嘉庆皇帝六十大寿时，朝廷筹办"六旬万寿圣典"便曾修造了 16000 尊佛像，为嘉庆皇帝广修福寿。[1] 其中，藏传佛教的活佛在清朝政治文化中亦扮演了相当重要的角色，在当时蒙古、西藏地区最重要的藏传佛教领袖之一，即是"章嘉呼图克图呼毕勒罕"，也就一般人所熟知的"章嘉活佛"。章嘉活佛地位崇高，经过多次转世都一直在清朝宗教文化，以及边疆治理中，扮演着极为重要的角色。

现代人可能无法完全了解、认同宫廷中协助皇帝处理宗教事务的章嘉国师，他乘愿转世的特殊事迹。但数次转世后，章嘉活佛一直都是清朝皇帝所倚重的藏传佛教领袖，往来于京城、蒙古、西藏等地，成为传达中枢政令的钦命使者。清朝皇帝在管理西藏、青海、大小金川等地的宗教与政治事务上，都有赖于章嘉活佛的辅佐协助。章嘉活佛在内外政务与宗教文化上也都有相当出色的表现，在《清实录》与相关档案文献中，都有相当详细的记载。

通晓多种民族语言的章嘉国师与《满文大藏经》

章嘉国师在清朝宫廷中的角色，并不只是藏传佛教上师而已，他同时也参与各种不同的饮宴礼仪，以及藏传佛教经典的编译，甚至还支持清廷敕谕的民族语言翻译工作。例如《清高宗纯皇帝实录》记载，乾隆三年正月初十，乾隆皇帝依照惯例在丰泽园大幄，支架蒙古帐房，举办筵宴，宴请外藩蒙古亲王。乾隆帝同时也邀章嘉呼图克图活佛一同出席。丰泽园宴饮前后，还依等级，发给不同赏赐。[2]除了各式礼品、藏传佛教法器之外，皇帝也赏赐了相当数量的银两给章嘉国师。乾隆皇帝甚至赏赐三世章嘉活佛御用金龙黄伞与黄幰车，作为礼敬上师的无上尊荣礼遇。[3]台北故宫博物院藏《军机处档·月折包》中就有多笔相关记录。例如：乾隆四十六年闰五月十九日，山西巡抚雅德奏报已派员领回先前垫付赏给章嘉国师白银 10000 两的核销事项。[4]

另外，乾隆皇帝发愿完成《满文大藏经》的纂修工作，在这部卷帙庞大的经书翻译工作中，三世章嘉活佛，也就是章嘉若必多吉国师可以说付出了相当的多的心血。作为乾隆皇帝的藏传佛教上师，以及自小在宫中生活伴读成长的同伴，三世章嘉不仅深受雍正皇帝的恩宠，而且也深得乾隆皇帝的信任。

章嘉国师为了能够精确地将梵文字母、藏文字母，对音翻译成满文，而参考梵文创制了"满文阿礼嘎礼字母"，《满文大藏经》便是在这样的文字创制工作基础上，才有了实现的可能性。我们可以说如果没有像章嘉国师这样能够通识满、汉、藏、蒙古、梵文的多语言人才，这样的宗教经典翻译工作，是不可能圆满成功的。

章嘉活佛的翻译才华不仅贡献在佛教经典，章嘉也在清廷处理西藏、蒙古与大小金川政务中，运用丰富的民族语言知识，将皇帝的敕谕旨意精准转译成当地的民族语言，以便政令有效传达。例如乾隆年间正当用兵新疆之际，蒙古诸部哗变，沿途驿站不通，致使清廷前线军情联系中断，情势异常严峻。危急之际，三世章嘉活佛运用丰富的民族语言与政教知识，写信劝降蒙古诸部首领，化解了一场大战，让清廷全力应对新疆战事。

另外，乾隆皇帝为处理西藏事务，也常有赖章嘉国师的诚恳劝谏，才让乾隆帝全力支持达赖喇嘛恢复西藏地区的政教秩序，而不是直接在藏区建立类似各省的行政管理建置。此外，翻译乾隆皇帝圣旨的重要工作，多由章嘉活佛主持，这些处处可见其深受敬重。

乾隆十四年二月前后，乾隆皇帝在对金川土司莎罗奔、郎卡等人颁行敕谕的时候，由于担心译员能力不足，无法清楚传达旨意内容，特别任命章嘉国师负责此项关系重大的圣旨翻译工作，由他来全权主持。[5] 由《清实录》的记载可以知道，乾隆皇帝在处理金川土司的重要国政事务上，章嘉国师对于藏区相关知识，以及多语言翻译的能力都在其中发挥重要的作用。章嘉活佛的翻译，有助于清朝官方清楚地传达乾隆皇帝的旨意，并避免语言理解上的错误。

另外，章嘉活佛对于藏传佛教的知识，也发挥在协助皇帝处理宗教事务上。他建议在紫禁城内敬奉坛城法器，建立"吉祥万年，寰宇康宁"的政治与宗教愿景。例如台北故宫博物院典藏的"利益金造曼达坛城"，就是在章嘉国师的建议下，乾隆皇帝特别敬奉在紫禁城中，作为内廷"吉祥万年，寰宇康宁"的佛教宝器。用于装盛曼达盘的皮盒，上面也贴有白绫，书写着汉、满、蒙、藏四种文字。

文件记载这件法器在顺治九年（1653），随五世达赖喇嘛来到北京，特别赠送清朝顺治皇帝，两人的会面可以说为此后一段相对和平的时期拉开了序幕。因此，这件法器也特别具有象征意义，象征吉祥和平，泽被天下众生。后来，在章嘉活佛建议下，乾隆皇帝特别将坛城供奉于紫禁城养心殿佛堂。绫上文书写道："利益金造曼达，乃世祖皇帝时五辈达赖喇嘛来京供于西黄寺，章嘉胡图克图以其吉祥万年，寰宇康宁，众生利益故，奏闻皇上，请于内庭供奉。"

　　　　　　　　紫禁城里很有事

钦派由京赴藏区、蒙古等地宣化的使者

清朝为了团结西藏与蒙古各旗的政治与宗教领袖，时常利用藏传佛教作为一种沟通方式，作为共同文化信仰的媒介，让宗教信仰的语言来安抚不同民族领袖的意见。章嘉活佛在清朝宗教与民族事务中，充分发挥了这种沟通内外的作用，使得各方的意见可以交流互动。

自康熙朝起，直至晚清，章嘉活佛与其弟子皆为清廷效力，时常往来于京师与藏区之间，作为钦派使者，或是宣达政令，或是参与藏传佛教重要领袖坐床典礼仪式，成为清朝官方重要代表。

《康熙朝宫中档满文奏折》与《军机处档·月折包》中便记录章嘉呼图克图与其弟子的诸多请安奏折，向清廷表示尽忠效力。[6]清朝历代皇帝为了表示与章嘉活佛之间的密切关系，也往往会特别致赠随身法器作为礼物。例如在《清实录》便有相关记载，光绪皇帝在光绪二十年十一月特别赏赐章嘉活佛御用噶巴拉僧骨念珠。这件事不仅表现出了清朝皇帝礼遇藏传佛教上师的虔诚崇敬之心，也向各方展现了章嘉即为清朝皇帝钦派使者的特殊地位。[7]

同时，每当章嘉由京师出发，或是由藏区启程前往京城的时候，清朝皇帝都会派兵随行保护。《雍正朝宫中档满文奏折》中记载，雍正二年闰四月十八日，雍正皇帝谕令抚远大将军年羹尧在阅兵完毕后，专门派人护送章嘉活佛，沿途保护送至京师。[8]

雍正皇帝在章嘉活佛离开北京返回西藏的路上，也特别派有专员，沿途一路护送照料。[9] 清廷同时也命令甘肃巡抚常钧特别派员全程照料护送，这些都可以证实清朝官方对于章嘉生活起居的重视。

道光年间也有类似事例，活佛是清廷寻访多年，转世乘愿再来，不论几次转世，清廷的礼遇重视一如往例，并没有任何的改变。《道光朝宫中档奏折》中记载，道光二十一年十二月初三，岁末隆冬时分，四川总督宝兴向朝廷报告章嘉呼图克图，以及理藩院司员等先后经过四川情况，并且附上章嘉的恭请圣安，进献哈达赠贺礼物事的奏报。[10]

为了保护章嘉活佛的人身安全，清朝官员不仅由理藩院司员专门与章嘉活佛一路同行，而且沿途经过情况，各管辖巡抚总督都要据实奏报，一路向上呈报。这种重视与照顾不只在生前如此慎重，甚至在章嘉活佛病故后，道光皇帝更特下谕旨赏赐佛座，以示崇敬。[11] 章嘉活佛作为清朝皇帝在西藏、青海与蒙古等地的钦派代表，时常衔命参与藏传佛教领袖的坐床、圆寂等重要政教仪式，担任清朝皇帝与政教领袖之间沟通意见、进行文化交流的皇家使者。章嘉活佛甚至代表官方管理藏传佛教寺庙的产业财物，并且约束管理各处寺庙中的喇嘛僧众。《道光朝宫中档奏折》中记载，道光二十二年七月十八日，孟保、海朴等官员奏称，达赖喇嘛等应递呈京师贡物，遵旨转交给章嘉呼图克图，再由章嘉带来京师呈进。[12]

道光二十二年十月二十七日，四川总督宝兴向朝廷奏报章嘉呼图克图亲赴西藏探视达赖喇嘛坐床一事。[13] 从此事的相关记录中，我们可以看到章嘉活佛代表清朝官方，亲赴西藏观察看视达赖喇嘛进行坐床的重要政教仪式。《光绪朝宫中档奏折》与《军机处档·月折包》也有相关记载，光绪、宣统年间达赖喇嘛圆寂后，清廷亦由理藩院传知章嘉活佛一同商议，共同筹办后续处理相关事宜。

乘愿再来：章嘉活佛在清代的多次转世

雍正皇帝曾称许章嘉活佛"是真再来人，实大善知识"。"再来人"的意思是指章嘉活佛在清代的转世，即是佛法的奇迹，也是一种特殊的政治文化现象。章嘉活佛在清代共有五次转世，分别在康熙朝、乾隆朝、道光朝、咸丰朝，以及光绪朝，而且多半在青海地区重新转世。

每当寻找出转世活佛的时候，通常会由官员们将章嘉国师生前使用的念珠、铃、杵等随身法器物事，由章嘉活佛徒众札萨克喇嘛等人亲自将这些随身法器等重要认证信物混杂陈列，排放在访得的童子面前，让他们观看识别。看看灵童是否可以从中辨识出何项为身前所用物品。当寻访到多位灵童，难以确认哪一位才是章嘉活佛转世的时候，清朝官方亦会使用"金瓶掣定"方式，让转世灵童们从金瓶中抽取掣签，以便确定转世之人。

类似的"金瓶掣定"事例并不少见，《道光朝宫中档》《军机处档·月折包》《清实录》等清朝文献中都有详细记载。例如道光三十年前后，清廷便曾经一次访得三位灵童。光绪二十年前后，清廷派出的官员们则是访得两位灵童。

当时负责寻访的多位官员们一时难以确认，于是依照惯例采取了"金瓶掣定"的方式，对于灵童进行最后的确认。

章嘉呼图克图转世灵童的寻访过程

道光三十年九月前后，哈勒吉那等人奏报在青海卓札巴地方一带访得章嘉活佛的转世灵童。[14] 但是《清实录》的相关记载中，仅有简单摘要哈勒吉那等人的汉文奏报，并没有寻访经过的具体情形。

不过，在哈勒吉那奏报在卓札巴地方寻访到章嘉活佛转世灵童的满文奏折中，对于这次的寻访之行就有较为详细的过程说明。透过满文奏折的记载，我们可以得知自从道光二十六年章嘉活佛辞世，众人便奉旨寻访转世灵童，包括了章嘉活佛的弟子扎萨克喇嘛爵木磋，以及吹布臧呼图克图等人也都在内，要随同一起出访。但是一直到 4 年之后，道光三十年八月十三日，奉旨四处寻访章嘉国师转世灵童的一行人才来到了吹布臧寺，并在该寺庙东边的毡屋中，寻访到了一个才出生 9 个月的俊秀男孩，而他也就是章嘉活佛的转世灵童。[15]

寻得章嘉呼图克图转世灵童后，后续相关事务，清朝官方也有妥善办理，以确保灵童安全。《咸丰朝宫中档奏折》记载，清廷为求保护章嘉活佛的日常生活不受打扰，能够平安居住，在咸丰元年十月三日，谕令哈勒吉那等人酌派官兵加以保护。[16]

其后，光绪年间章嘉活佛共有两次转世，这两次寻访章嘉活佛转世灵童的过程也相当曲折。光绪年间，章嘉活佛首次转世是在光绪七年十月的前后，根据《军机处档·月折包》记载，当时清廷曾经特别谕令要求依照往例成案，由相关官员们一同查证，验明转世活佛正身，以便确定判明转世之事是否属实。[17]

其后，光绪八年五月中旬至六月前后，清廷又有相关旨意要求官员们查明确认转世之事是否确实，转世灵童究竟是何人之子嗣等。[18] 相关负责官员便向朝廷奏报，此次查访中所寻获转世灵童的家庭出身、姓名、年纪等各方面的详细情况。

光绪年间，章嘉活佛的第二次转世，则是在光绪二十年五月的前后，由奎顺等官员访得转世灵童。光绪二十年五月十九日，奎顺特别向朝廷奏报，已经寻访出章嘉呼图克图之转世灵童，共有两名童子。[19] 稍晚，清朝官员们即将两位童子送至北京雍和宫，将两人姓名装入金瓶中，再行抽签掣定。最后，嘎拉穆楞亲之子桑吉札布因为能够认出前世章嘉呼图克图所用念珠、铃、杵等随身法器，又经金瓶抽签掣定，确认为章嘉活佛的转世之人。

《清实录》记载光绪帝对于访得章嘉活佛转世灵童一事，甚为喜悦。《清德宗景皇帝实录》在光绪二十年十一月丁丑条项下写道："朕心甚属快悦，章嘉呼图克图善通经卷，今祥灵呼毕勒罕出世，其性未殁也。"光绪帝在这一段文字中，可以说充分表达出了他心中对于访得章嘉活佛转世，而且知道灵童善于通晓佛经的欢喜之情，并且认为是朝廷的"大喜事"一件。[20]

光绪皇帝一时欢喜，除了御赐章嘉活佛随身常用念珠一串，还特颁上谕指示将此事晓谕转告各蒙古王公、西藏达赖喇嘛、班禅额尔德尼、章嘉活佛徒众，北京城各寺庙驻锡的僧侣，以及章嘉活佛生前掌理寺庙辖下的喇嘛僧众。

最后一世章嘉活佛的转世，是一件法喜殊圣的大喜事，同时也是一段特别的生命旅程。最后一世的章嘉经历了烽火漫天的战乱岁月，一直持续弘法宣教。在 1949 年前后，来到台湾，并且在台北驻锡多年，继续宣扬藏传佛教，后来在台圆寂坐化，并且选择不再转世，于是漫长轮回的宣教弘法，"再来人"的多次乘愿再来的生命旅程，至此画下了最后的句点。[21]

延伸阅读

1. 章嘉大师圆寂典礼委员会，《护国净觉辅教大师章嘉呼图克图传》，台北：章嘉大师圆寂典礼委员会，1957。

2. 秦永章，《乾隆皇帝与章嘉国师》，西宁：青海人民出版社，2008。

3. 土观·洛桑却吉尼玛著；陈庆英、马运龙译，《章嘉国师若必多吉传》，北京：民族出版社，1988。

4. 邓建新，《章嘉呼图克图研究》，北京：宗教文化出版社，2010。

5. 张玉，《三世章嘉呼图克图圆寂前后史料选译》《历史档案》，1996。

注释

1.“六旬万寿圣典”详细的修造佛像数目，可参见附表。相关档案文献可参见：台北故宫博物院藏，《六旬万寿庆典档·嘉庆二十四年》；台北故宫博物院藏，《军机处档·六旬万寿庆典档》。

2. 参见:《清高宗纯皇帝实录》，卷六十，乾隆三年一月初十丙辰条。

3. 参见：台北故宫博物院藏，《军机处档·月折包》，文献编号:030357，乾隆朝无年月折件，咨呈军机处请查照职奉旨暂行拨银壹万两赏给章嘉胡图克图事。

4. 参见：台北故宫博物院藏，《军机处档·月折包》，文献编号:030979，乾隆四十六年闰五月十九日，咨呈送军机处已派员由广储司领回前垫付赏给章嘉胡图克图银一万两事。

5.《清高宗纯皇帝实录》记载:“莎罗奔、郎卡，既实心向化，似尚知道理，非冥顽异类可比，着量加奖赏，以示柔远之仁。敕谕一道，并发令通事告彼。圣旨系特命章嘉呼图克图所译，恐此间所译，不能尽悉圣意。尔等应钦遵弗谖，永安荒徼。”相关记载参见:《清高宗纯皇帝实录》，卷335，乾隆十四年二月丁未条。

6. 参见：台北故宫博物院，《康熙朝宫中档满文奏折》，文献编号：411000052，原折件无年月，章嘉胡图克图弟子们谨奉圣谕效力不懈。

7. 参见:《清德宗景皇帝实录》，卷三五三，光绪二十年十一月丁丑条。

8. 参见：台北故宫博物院，《宫中档雍正朝奏折》，第二九辑，767页。

9. 参见：台北故宫博物院，《宫中档雍正朝奏折》，第三二辑，658页。

10. 台北故宫博物院藏，《宫中档道光朝奏折》（复制本），第九辑，446页。

11. 参见:《史语所藏明清内阁大库档案》，文献编号：210600-001，道光二十六年七月，户部为章嘉呼图克图病故赏给佛座事。

12. 台北故宫博物院藏，《宫中档道光朝奏折》（复制本），第十二辑，182页。

13. 台北故宫博物院藏，《宫中档道光朝奏折》（复制本），第十三辑，365页，文献编号：405006999，道光二十二年十月二十七日，为委员护送廓尔喀贡使自省起程进京奏祈圣鉴（附件：奏章嘉呼图克图赴藏看视达赖喇嘛坐床事）。

14.《清实录》中的相关记载如下:"章嘉呼图克图，系勋旧有为之呼图克图，自涅盘以来，已历四载。兹据哈勒吉那奏称所生幼童噶勒成楚克噜布，据扎萨克喇嘛爵木磋称，此子似识章嘉呼图克图之物，即系呼图克图之呼毕勒罕等语。朕闻之殊深欣慰，惟此子甫经九月，尚未能言。从前乾隆年间，若有呼图克图呼毕勒罕出世，均将所生数子年岁花名，书写签支，入于瓶内掣定。着哈勒吉那，转谕吹布藏呼图克图、扎萨克喇嘛爵木磋等，于该地方再为访察二三幼童，及此子之名，一并具奏，再降谕旨办理……"参见：《清文宗显皇帝实录》，卷十七，道光三十年九月十八日壬寅条。

15. 参见：台北故宫博物院藏，《军机处档·月折包》，文献编号：174684，道光三十年九月十八日，奏为访出章嘉呼图克图呼毕勒罕等由（满文折）。

16. 参见：台北故宫博物院藏，《宫中档咸丰朝奏折》（复制本），第三辑，445 页。

17. 参见：台北故宫博物院藏，《军机处档·月折包》，文献编号：119518，光绪七年十月二十五日，福锟奏报章嘉呼图克图呼毕勒罕转生援照成案会同验看事。

18. 参见：台北故宫博物院藏，《军机处档·月折包》，文献编号：123472，光绪八年五月十三日，李慎奏报查明章嘉呼图克图之呼毕勒罕系何人之子并年岁事。

19. 参见：台北故宫博物院藏，《军机处档·月折包》，光绪二十年五月十九日，奎顺奏报访出章嘉呼图克图之呼毕勒罕。

20. 参见:《清德宗景皇帝实录》，卷三五三，光绪二十年十一月上丁丑条。

21. 参见：章嘉大师圆寂典礼委员会,《护国净觉辅教大师章嘉呼图克图传》，台北：章嘉大师圆寂典礼委员会，1957。

嘉庆二十三年造办六旬万寿寿佛相关清目简表		
皇家宗室与内外文武大臣 造佛人员清目	寿佛造办尊数	六旬万寿档所记 相关寿佛造办数目
嘉庆皇帝	81	
皇后	27	
宗人府将军侍卫章京官员	27	
宗人府造佛王公	2004	宗人府造佛共计 2031 尊
内文职造佛-三品官（共十五员）	120	
内文职造佛-四品官（共二十九员）	174	
内文职造佛-五品官（共十九员）	95	
内文职造佛-六品官（共十三员）	39	
内文职造佛	2425	内文职造佛共计 2850 尊 （2583）
内武职	890	内武职造佛共计 890 尊
外省文职	7601	外省文职造佛共计 7601 尊
外省武职	1902	外省武职造佛共计 1902 尊
新疆大臣	335	新疆大臣造佛共计 335 尊
	计 15612 尊	计 15613 尊
内廷	387	内廷交佛共计 387 尊
	15999	共计 16000 尊
万寿造佛按嘉庆十四年 造佛银两数目核算	263236 两 7 钱 7 分 1 厘	
遵旨造佛用银	1028 两 5 分 2 厘	
六旬万寿造佛共计花银	264264 两 8 钱 2 分 3 厘	

参考数据：《军机处档·六旬万寿庆典档》（现藏台北故宫博物院）；《六旬万寿庆典档·嘉庆二十四年》（现藏台北故宫博物院）